Christoph Sorge

Softwareagenten

Vertragsschluss, Vertragsstrafe, Reugeld

Schriften des Zentrums für angewandte Rechtswissenschaft

Band 2

ZAR | Zentrum für angewandte Rechtswissenschaft

Universität Karlsruhe (TH)

Herausgeber der Schriftenreihe: *Prof. Dr. Thomas Dreier M.C.J.*

Prof. Dr. Jürgen Kühling LL.M.

Prof. Dr. Peter Sester Dipl.-Kfm.

Softwareagenten

Vertragsschluss, Vertragsstrafe, Reugeld

von
Christoph Sorge

universitätsverlag karlsruhe

Impressum

Universitätsverlag Karlsruhe
c/o Universitätsbibliothek
Straße am Forum 2
D-76131 Karlsruhe
www.uvka.de

Universitätsverlag Karlsruhe 2006
Print on Demand

ISSN 1860-8744
ISBN 3-937300-91-0

Geleitwort

Die technische Entwicklung weitgehend autonomer Softwareagenten ist inzwischen soweit fortgeschritten, dass sie in einer Vielzahl von Märkten eingesetzt werden könnten. Vorab sind jedoch noch eine Reihe von Fragen zu klären, insbesondere inwieweit Agenten überhaupt zum automatisierten Abschluss wirksamer Verträge eingesetzt werden können und wie wenig risikoaverse Agenten insbesondere mit den Mitteln der Vertragsstrafe (der Verpflichtung einer Geldzahlung bei Vertragsbruch zur Erzwingung der Vertragstreue) und durch das Reugeld (dem Versprechen einer Gegenleistung für den erlaubten Rücktritt vom Vertrag) die Effizienz des Marktgeschehens zu erhöhen vermögen. Diese Fragen werden vom Verfasser nicht nur theoretisch erörtert, sondern er entwickelt zugleich ein Multiagentensystem, bei dem die Agenten mit und ohne Einsatz von Vertragsstrafen und Reugeldern miteinander handeln können. Mit diesem System hat der Autor eine Reihe von Simulationen durchgeführt, um Erkenntnisse über die Rahmenbedingungen für den Einsatz von Vertragsstrafe und Reugeld zu gewinnen.

Die vorliegende Arbeit ist im WS 2003/2004 an der Universität Karlsruhe (TH) unter der verantwortlichen Betreuung von Prof. Dr.-Ing. Dr. h.c. Peter C. Lockemann und Prof. Dr. iur. Thomas Dreier, M.C.J. sowie der wissenschaftlichen Betreuung von Dipl.-Inform. Jens Nimis und Ass. iur. Tanja Nitschke als Diplomarbeit im Studiengang Informationswirtschaft entstanden. Das relativ neue Gebiet der Informationswirtschaft befasst sich mit den informationstechnischen, informationswirtschaftlichen und informationsrechtlichen Fragen der Informationserzeugung, der Informationsverbreitung und der Informationsnutzung. Wissenschaftstheoretisch liegt die Überlegung zugrunde, dass die praktische Anwendung theoretischer Erkenntnisse sowohl aus dem Bereich der Informationstechnologie wie auch der Wirtschaftswissenschaften in der Praxis zu einer ganzen Reihe neuer Probleme und Fragestellungen führt, die sich mit den jeweiligen Methoden und Fragestellungen der bisherigen Einzeldisziplinen nicht mehr hinreichend beantworten lassen.

Die vorliegende Arbeit verbindet auf mustergültige Weise Fragestellungen der Informatik, der Wirtschafts- und der Rechtswissenschaften. Sie ist 2005 mit dem Fakultätspreis der Wirtschaftswissenschaftlichen Fakultät der Universität Karlsruhe (TH) ausgezeichnet worden und hat ebenfalls 2005 den neu ausgelobten Nachwuchspreis der Deutschen Stiftung für Recht und Informatik (DSRI) erhalten. Sie verdient es daher, in der Schriftenreihe des Zentrums für angewandte Rechtswissenschaft (ZAR) und des Instituts für Informationsrecht (IIR) einer breiteren Öffentlichkeit zugänglich gemacht zu werden.

Karlsruhe, Oktober 2005 Prof. Dr. Thomas DREIER, M.C.J.

Vorwort

Softwareagenten sind in der Literatur bereits vielfältig untersucht worden. Dies liegt unter anderem an den vielfältigen Einsatzszenarien für Agenten. Sie können beispielsweise der Informationsgewinnung und Entscheidungsunterstützung dienen.

In vielen Fällen kann es sich jedoch auch lohnen, einen Schritt weiter zu gehen. Statt Vertragsschlüsse nur vorzubereiten, können Agenten diese auch eigenständig durchführen. Auf diese Weise können Transaktionskosten gespart werden, da die variablen Kosten des Einsatzes von Agenten gering sind. Gleichzeitig können Effizienzgewinne auch dadurch entstehen, dass komplexere Vereinbarungen geschlossen werden können: Selbst, wenn eine für alle Vertragspartner vorteilhaftere Vertragsgestaltung möglich wäre, ist denkbar, dass sich die zeitaufwendige Aushandlung durch Menschen nicht lohnt. Softwareagenten jedoch können diese Verhandlungen in kürzester Zeit zum Abschluss bringen.

Als Beispiele solcher komplexeren Vertragsgestaltungen werden in der vorliegenden Arbeit Vertragsstrafen- und Reugeldvereinbarungen diskutiert. Neben einer theoretischen Betrachtung aus Sicht von Rechtswissenschaft und Informatik wurden auch Simulationen durchgeführt, die in einem einfachen Beispielszenario die Auswirkungen beider Instrumente beleuchten.

Voraussetzung für Effizienzgewinne durch den Einsatz von Softwareagenten beim Vertragsschluss ist jedoch, dass dieser Einsatz auch aus juristischer Sicht möglich und insbesondere beweisbar ist. Der rechtlichen Stellung von „Agentenverträgen" und der elektronischen Signatur wird deshalb in dieser Arbeit breiter Raum gewidmet.

Das vorliegende Werk entstand im Wintersemester 2003/2004 als Diplomarbeit an der Universität Karlsruhe (TH). Es befindet sich auf dem Stand vom 30. April 2004. An einzelnen Stellen wurden anschließend Aktualisierungen vorgenommen, insbesondere aufgrund der (geringfügigen) Änderungen des Signaturgesetzes durch das Erste Gesetz zur Änderung des Signaturgesetzes.

Aus der Arbeit heraus entstanden Veröffentlichungen zum Vertragsschluss [Sorg05] und zur Erzeugung von Signaturen [SoBe04], [BeNS05] durch Softwareagenten.

Mein Dank gilt den Betreuern dieser Arbeit, die mich stets und mit großem Engagement unterstützt haben. Am Institut für Programmstrukturen und Datenorganisation waren dies Prof. Dr.-Ing. Dr. h.c. Peter C. Lockemann sowie Dipl.-Inform. Jens

Nimis; im Gespräch mit ihm entstand auch die Idee zur vorliegenden Arbeit. Am Institut für Informationsrecht und Zentrum für angewandte Rechtswissenschaft betreuten Prof. Dr. iur. Thomas Dreier, M.C.J. und Ass. iur. Tanja Nitschke die Diplomarbeit. Ass. iur. Martin Bergfelder lieferte wertvolle Anregungen, insbesondere im Bereich des Rechts elektronischer Signaturen.

Herrn Professor Dreier danke ich darüber hinaus auch für die Ermunterung, das vorliegende Werk in Buchform zu veröffentlichen, sowie für die Aufnahme in die Schriftenreihe des Zentrums für angewandte Rechtswissenschaft (ZAR) und des Instituts für Informationsrecht (IIR).

Nicht zuletzt gilt mein Dank aber auch meiner Familie und meinen Freunden, die mich im Studium und bei meiner Diplomarbeit stets unterstützt haben.

Karlsruhe, November 2005 — Dipl.-Inform.Wirt Christoph Sorge

Kurzfassung

Obwohl die technische Entwicklung von Softwareagenten bereits weit fortgeschritten ist, sind sie bislang kaum im praktischen Einsatz zu finden. Von großem Nutzen wären Agenten in Märkten, wo sie zur Effizienzsteigerung des Marktgeschehens beitragen könnten.

Eine Möglichkeit, die Effizienz des Marktgeschehens zu erhöhen, besteht in der Verteilung eines Risikos auf weniger risikoaverse Akteure. Hierzu bieten sich die Instrumente *Vertragsstrafe* und *Reugeld* an. Diese können von Agenten gehandhabt werden, doch ist dies nur sinnvoll, wenn der Einsatz von Agenten zum Abschluss von Verträgen überhaupt möglich ist.

Nach einem ausführlichen Grundlagenteil wird gezeigt, dass der Einsatz von Agenten zum Vertragsschluss möglich ist. Parallelen zu natürlichen oder juristischen Personen bestehen nach heutigem Stand nicht; wohl aber können durch Agenten erstellte Willenserklärungen in gleicher Weise wie die bereits seit längerem in der Literatur diskutierten Computererklärungen dem Benutzer der Agenten zugerechnet werden.

Ein Signaturmechanismus für Agentenkommunikation, wie er Voraussetzung für den sicheren und verlässlichen Vertragsschluss ist, wird vorgestellt und in die Kategorien des deutschen Signaturgesetzes eingeordnet. Es zeigt sich, dass er (mit geringfügigen Anpassungen) die Anforderungen an eine *fortgeschrittene elektronische Signatur* erfüllen kann und auch *qualifizierte Signaturen* durch Agenten erstellt werden können; die *elektronische Form* ist durch Agenten jedoch nicht erfüllbar.

Anschließend gibt diese Arbeit eine Einführung in Vertragsstrafe und Reugeld aus juristischer Sicht: Die Vertragsstrafe ist bei Vertragsbruch zu leisten und hat Straf- und Ersatzfunktion, wohingegen das Reugeld Gegenleistung für den erlaubten Rücktritt vom Vertrag ist.

Um zu untersuchen, ob die Effizienz des Marktgeschehens durch Vertragsstrafen- und Reugeldvereinbarungen erhöht werden kann, wird ein Szenario entworfen sowie ein Multiagentensystem entwickelt. Die Agenten können mit und ohne Einsatz von Vertragsstrafen und Reugeldern miteinander handeln. Mit dem entworfenen System werden zahlreiche Simulationen durchgeführt. Gleichzeitig kann es auch als Rahmenwerk dienen: auf seiner Grundlage können auch in dieser Arbeit nicht betrachtete Strategien evaluiert werden.

Bei der Durchführung der Simulationen zeigt sich, dass der Einsatz von Reugeldern nur unter bestimmten Voraussetzungen vorteilhaft ist; durch höhere Preise kann andernfalls auch eine Benachteiligung aller Marktteilnehmer entstehen. Mit dem entwickelten System kann des Weiteren nachvollzogen werden, dass vertragsbrüchige Marktteilnehmer beim Einsatz von Vertragsstrafen schlechter gestellt werden.

Im Ausblick wird aufgezeigt, welche Lücken bei den Betrachtungen dieser Diplomarbeit geblieben sind. Zudem wird diskutiert, wie dem durch die fortschreitende Entwicklung zu autonomeren Agenten möglicherweise entstehenden Problem der mangelnden Zurechenbarkeit durch Agenten erstellter Erklärungen zu deren Benutzer begegnet werden könnte.

Inhaltsverzeichnis

Abkürzungsverzeichnis

AA	Attribute Authority
ACC	Agent Communication Channel
ACL	Agent Communication Language
AGBG	Gesetz zur Regelung des Rechts der Allgemeinen Geschäftsbedingungen (AGB-Gesetz)
AktG	Aktiengesetz
AMS	Agent Management System
API	Application Programming Interface
BGB	Bürgerliches Gesetzbuch
BGB-InfoV	BGB-Informationspflichten-Verordnung
CA	Certification Authority (Zertifizierungsstelle)
Codec	Codierer/Decodierer
DAML	DARPA Agent Markup Language
DARPA	Defense Advanced Research Projects Agency
DF	Directory Facilitator
FIPA	Foundation for Intelligent Physical Agents
GmbH	Gesellschaft mit beschränkter Haftung
GmbHG	GmbH-Gesetz
GUI	Graphical User Interface
h.M.	herrschende Meinung
HARA	hyperbolic absolute risk aversion
ITU	International Telecommunications Union

iVm	in Verbindung mit
JADE	Java Agent Development Framework
LDAP	Lightweight Directory Access Protocol
MAS	Multiagentensystem
MD5	Message Digest 5
MdStV	Mediendienste-Staatsvertrag
MTS	Message Transport System *oder* Message Transport Service
OCSP	Online Certificate Status Protocoll
OIL	Ontology Inference Layer
OWL	OWL Web Ontology Language
PGP	Pretty Good Privacy
PKI	Public-Key-Infrastruktur
RDF	Resource Description Framework
RegTP	Regulierungsbehörde für Telekommunikation und Post
Rn	Randnummer
Rz	Randziffer
SHA-1	Secure Hash Algorithm 1
SigG	Signaturgesetz
SigI	Signatur-Interoperabilitätsspezifikation
SigV	Signaturverordnung
SL	Semantic Language
TDG	Teledienstegesetz (Gesetz über die Nutzung von Telediensten)
TLS	Transport Layer Security
TTP	Trusted Third Party
UML	Unified Modelling Language
WWW	World Wide Web
XML	Extensible Markup Language
ZPO	Zivilprozessordnung

Abbildungsverzeichnis

Tabellenverzeichnis

Kapitel 1

Einleitung

1.1 Motivation

In den Wirtschaftswissenschaften und auch im allgemeinen Sprachgebrauch versteht man unter einem Agenten einen Vertreter, also jemanden, der für einen anderen Geschäfte führt [Scho03, Eintrag „Agent"].

In der Rechtswissenschaft gibt es keinen besonderen, hiervon abweichenden Agentenbegriff. In der Informatik bezeichnet man als Agenten hingegen Systeme, die in einer bestimmten Umgebung autonom agieren können (vgl. Abschnitt 2.2.1, S. 6).

Nachdem in den letzten Jahren erhebliche Fortschritte in der Anwendbarkeit von Agenten und Multiagentensystemen (MAS) gemacht wurden, scheint der Weg zum praktischen Einsatz der Softwareagenten geebnet. Dies umfasst auch die Verwendung als Agenten im wirtschaftswissenschaftlichen Sinn, d.h. als Vertreter bei Geschäften. Beispiele, wie dies aussehen könnte, finden sich schon seit längerem in der Literatur (siehe z.B. [BrZW98, S. 308 ff]). Ziel ist die Verringerung von Transaktionskosten, die durch die Suche nach einem geeigneten Vertragspartner und in Vertragsverhandlungen und -abschluss entstehen können. Zu den Transaktionskosten zählen auch die Kosten, die durch unvollständige Information entstehen, sowie die Opportunitätskosten durch nicht zustande gekommene Verträge[1].

Die Effizienz des Marktgeschehens kann somit durch den Einsatz von Agenten auf zwei Wegen erhöht werden:

- Vertragsparteien, die sich ohne Einsatz dieser Technologie nicht gefunden hätten, kommen zusammen.
- Die Kosten für den Abschluss eines Vertrages sinken. Dies betrifft sowohl die Fixkosten, die bei jedem Abschluss anfallen, als auch die variablen, von der Komplexität des Vertrags abhängigen Kosten. Dadurch werden einerseits komplexere

[1] Weitere Formen von Transaktionskosten existieren, sollen hier jedoch nicht betrachtet werden.

Vertragsgestaltungen möglich, andererseits können mehr Verträge geschlossen werden, die sich ohne diese Technologie nicht lohnen würden.

1.1.1 Unsicherheit durch Einsatz von Softwareagenten

Jedoch bringt der Einsatz von Agenten noch Probleme mit sich. Damit die gesenkten Kosten für Suche nach Vertragspartnern, Verhandlungen und Vertragsschluss nicht durch erhöhte Unsicherheit kompensiert werden, müssen zweierlei Voraussetzungen erfüllt sein:

- Der rechtliche Status geschlossener Vereinbarungen muss klargestellt sein.
- Es müssen Wege gefunden werden, eine Abweichung des Handelns des Agenten von den Interessen des Prinzipals (Prinzipal-Agenten-Problem) möglichst zu verhindern oder ihre Folgen einzudämmen.

1.1.2 Unsicherheit im Verhältnis der Vertragspartner

Doch die Unsicherheit, die es zu reduzieren gilt, betrifft nicht nur das Verhältnis zwischen Besitzer und Softwareagenten und die formelle Seite der Vertragsverhältnisse, sondern auch die materielle Seite. Nur das Recht kann hier zu einer Lösung führen. Instrumente, die zur Unsicherheitsreduktion beitragen können, sind bereits vorhanden. Hierzu zählen u.a. alle Möglichkeiten, sich von einem geschlossenen Vertrag zu lösen. Beispiele sind der Aufhebungsvertrag, der die Zustimmung beider Vertragsparteien voraussetzt, der Widerruf, wie er in manchen Verbraucherschutzbestimmungen vorgesehen ist, und der Rücktritt.

1.2 Zielsetzung der Arbeit

Diese Arbeit soll Potenziale für Effizienzgewinne aufzeigen, die durch automatisierte Verhandlungen unter Einsatz von Softwareagenten möglich sind. Als Beispiele werden Vertragsstrafe und Reugeld ausgewählt; sie dienen der Reduktion der Unsicherheit bei Vertragsschluss und können damit den Nutzen der Vertragsparteien erhöhen.

Dies setzt jedoch voraus, dass nicht neue Unsicherheit durch den Agenteneinsatz selbst entsteht. Um dies zu verhindern, müssen rechtliche Rahmenbedingungen geklärt und technische Sicherungsmechanismen entworfen und implementiert werden. Daher liegt ein Schwerpunkt dieser Arbeit auf den Grundlagen des Vertragsschlusses beim Einsatz von Agenten, elektronischen Signaturen und der Autorisation von Transaktionen.

Mit dieser Diplomarbeit sollen nicht nur theoretische Erkenntnisse gewonnen werden; deshalb ist auch eine Implementierung anhand eines zu entwickelnden Beispielszenarios Bestandteil der Arbeit.

1.3 Verwandte Arbeiten

Willenserklärungen und Verträge, zu deren Erstellung oder Übermittlung Computer eingesetzt werden, sind in der Rechtswissenschaft in neuerer Zeit ausführlich erforscht worden (siehe z.B. [Wieb02], [Cord01], [Uhlm03], [Mehr98]). Auch Vertragsstrafe und Reugeld werden in der juristischen Literatur schon seit langer Zeit diskutiert; insbesondere das Reugeld nimmt jedoch keinen breiten Raum ein. § 353 BGB, der das Reugeld regelt, wird kaum mehr angewandt (Kaiser in [vSta01, § 359 Rn. 1][2]). Lediglich im Prämiengeschäft des Börsenterminhandels und in Maklerverträgen hat es Bedeutung [Geil03, S. 16].

Die besondere Problematik der von Softwareagenten erstellten Willenserklärungen findet sich in der Literatur weit seltener wieder, so in [Corn02] und [Wieb02]. Die durch Agenten mögliche Gestaltung komplexer Verträge ist bisher in der Literatur nicht berücksichtigt. Auch fehlt ein Überblick über die sich durch den Agenteneinsatz ergebenden Rechtsprobleme; meist werden nur einzelne Probleme erfasst.

Auf Seiten der Informatik existiert nicht nur fundiertes theoretisches Wissen über intelligente Agenten (siehe z.B. [Wool02, S. 31ff.]), sondern auch immer mehr Rahmenwerke, die die Implementierung von Agenten ermöglichen (so z.B. JADE [Jadeb]). Möglichkeiten für den konkreten Einsatz von Agenten wurden u.a. im KRASH-Projekt [Kras] erforscht. [SaLe02] beschreibt die Vorteile des „leveled-commitment contracting", das agentenseitig dem Instrument des Reugelds entspricht. Die rechtlichen Rahmenbedingungen wurden dabei jedoch bislang außen vor gelassen.

1.4 Gliederung

In Kapitel 2 werden die informationstechnischen und juristischen Grundlagen von Agenten und Vertragsschlüssen beleuchtet. Ein Schwerpunkt liegt dabei auf der elektronischen Signatur.

Darauf aufbauend wird in Kapitel 3 diskutiert, ob und wie Agenten zum Abschluss von Verträgen eingesetzt werden können. Hierfür wird zunächst der Stand der Forschung zur Computererklärung zusammengefasst und anschließend geprüft, inwieweit sich die gewonnenen Erkenntnisse beim Einsatz von Agenten anwenden lassen. Zentral ist hierbei die Frage nach der Vergleichbarkeit von Agenten mit natürlichen und juristischen Personen. Das Kapitel schließt mit einem Abschnitt über die Anwendbarkeit des deutschen Fernabsatzrechts auf Agentenverträge.

Kapitel 4 widmet sich der Entwicklung eines Mechanismus zur elektronischen Signatur von Nachrichten, die zwischen Agenten ausgetauscht werden. Da diese Nachrichten ohne einen solchen Mechanismus trivial fälschbar sind, handelt es sich um eine

[2] Die Kommentierung stammt aus der Zeit vor der Schuldrechtsreform; der damalige § 359 ist nun § 353, jedoch fand keine inhaltliche Änderung statt.

wesentliche Grundlage für den verlässlichen und beweisbaren Vertragsschluss durch Agenten. Die Einordnung in die Kategorien des deutschen Signaturgesetzes und die damit verbundene Betrachtung der Beweiskraft signierter Nachrichten bilden einen weiteren Schwerpunkt des Kapitels.

Die folgenden Kapitel beschäftigen sich mit den Instrumenten Vertragsstrafe und Reugeld. Diese werden in Kapitel 5 zunächst aus juristischer Sicht skizziert.

Kapitel 6 stellt dann ein Szenario vor, anhand dessen die Auswirkungen des Einsatzes von Vertragsstrafen und Reugeldern untersucht werden sollen.

In Kapitel 7 wird ein Multiagentensystem konzipiert, das Möglichkeiten des Vertragsschlusses zwischen Agenten demonstrieren soll. Gleichzeitig soll dieses System der Untersuchung des Nutzens von Vertragsstrafen- und Reugeldvereinbarungen dienen. Die Konzeption des Systems erfolgt mit Hilfe der agentenorientierten Entwicklungsmethode Gaia; ein objektorientierter Entwurf schließt sich an.

Kapitel 8 befasst sich mit der Auswertung der Ergebnisse von Simulationen mit Hilfe des in Kapitel 7 entworfenen Systems.

In Kapitel 9 werden die Ergebnisse zusammengefasst und ein Ausblick auf mögliche zukünftige Untersuchungen gegeben, die auf dieser Arbeit aufbauen könnten.

Kapitel 2

Grundlagen

Dieses Kapitel soll die grundlegenden Begriffe klären, die in dieser Arbeit verwendet werden. Aus der Informatik werden die Grundlagen der objektorientierten Programmierung und der Agententechnologie dargestellt; aus der Rechtswissenschaft stammt der Begriff der Willenserklärung sowie die hier betrachteten Instrumente zur Unsicherheitsreduktion.

Die elektronische Signatur, die benötigt wird, um das Zustandekommen eines Vertrags zu beweisen und die auch für die Autorisierung von Transaktionen eine große Rolle spielen könnte, wird zunächst aus technischer Sicht erläutert; anschließend werden die verschiedenen Varianten elektronischer Signaturen, wie sie das deutsche Recht kennt, vorgestellt.

2.1 Objektorientierte Softwareentwicklung

Die objektorientierte Softwareentwicklung hat sich in den letzten Jahren in vielen Anwendungsbereichen durchgesetzt. Dies gilt auch für die Entwicklung von Agenten. Im praktischen Teil dieser Arbeit spielt der objektorientierte Ansatz somit eine große Rolle.

Objektorientierung bedeutet dabei, dass Software als eine Ansammlung von Objekten betrachtet wird, in denen sowohl Zustand (Daten) als auch Verhalten (Befehle) gekapselt werden. Das Verhalten wird dabei in *Methoden* zusammengefasst. Ein Fenster, das als Teil einer graphischen Benutzeroberfläche dargestellt wird, könnte als Objekt repräsentiert werden, dem Methoden wie *schließen()*[1] und *verschieben()* zugeordnet sind.

Objekte mit gemeinsamen Eigenschaften werden zu *Klassen* zusammengefasst. Eine

[1] Methodennamen werden meist gefolgt von einer öffnenden und einer schließenden Klammer dargestellt. Dies liegt daran, dass einer Methode in vielen Programmiersprachen Parameter in Klammern übergeben werden können. Gibt es keine Parameter, so müssen diese Klammern dennoch angegeben werden.

Klasse hat Attribute, die in den Objekten mit konkreten Werten belegt werden können. Diese Objekte heißen *Instanzen* der Klasse.

Sollen nun also fünf Fenster auf dem Bildschirm angezeigt werden, muss dafür nur eine Klasse implementiert werden; Attribute wie Größe oder Position können aber für jedes Objekt verschieden sein.

Zentrales Konzept der Objektorientierung ist die *Vererbung* oder *Spezialisierung*. Wenn eine Klasse von einer anderen (auch *Oberklasse* genannt) erbt, bedeutet dies, dass sie alle Eigenschaften (Methoden und Attribute) dieser Klasse hat. Andere Methoden und Attribute können hinzukommen. Auch können vorhandene Methoden und Attribute ersetzt werden (man spricht dann von *Überschreiben*). Ein Beispiel: Die Klasse *Fenster* bietet die Methoden *verschieben()* und *schließen()*. Soll eine Anwendung nun neben normalen Fenstern auch solche Fenster darstellen, die sich nicht verschieben lassen, so könnte der Entwickler eine Klasse *festesFenster* implementieren, die von der Klasse *Fenster* erben würde. Darin könnte er die Methode *verschieben()* überschreiben und somit ein Verschieben des Fensters verhindern. Die Methode *schließen()* aus der Klasse *Fenster* würde jedoch unverändert funktionieren.

Denkbar wäre auch, in der Klasse *Fenster* überhaupt keine Methode *verschieben()* zu implementieren, sondern dies den Unterklassen zu überlassen. In diesem Fall ist es möglich, eine *abstrakte* Methode in der Klasse *Fenster* zu definieren. Eine Klasse mit mindestens einer abstrakten Methode heißt *abstrakte Klasse*; existieren ausschließlich abstrakte Methoden, so spricht man von einer *Schnittstelle (Interface)*. Es können keine Instanzen abstrakter Klassen oder Interfaces gebildet werden, sondern nur von konkreten Unterklassen. Im Beispiel würde das Definieren der abstrakten Methode *verschieben()* dazu führen, dass jeder konkreten Fenster-Unterklasse eine Implementierung dieser Methode zugeordnet wäre.

Der graphischen Darstellung von Klassenhierarchien dienen Klassendiagramme der *Unified Modelling Language (UML)*. Ein solches Diagramm ist in Abbildung 2.1 dargestellt: Die Klassen *Symbol* und *Fenster* implemememtieren die Schnittstelle *DingAufBildschirm*. Die Klasse *Fenster* ist abstrakt; von ihr erben die Klassen *normalesFenster* und *nichtVerschiebbaresFenster*.

Eine ausführliche Darstellung der objektorientierten Softwareentwicklung findet sich beispielsweise in [RBPE$^+$93].

2.2 Agenten

2.2.1 Begriff

Der Begriff des Agenten wird in verschiedenen Wissenschaftszweigen nicht einheitlich gebraucht. Im Rahmen dieser Arbeit soll der Agentenbegriff der Informatik zugrunde gelegt werden. Zwar gibt es auch in der Informatik verschiedene Verwendungen des

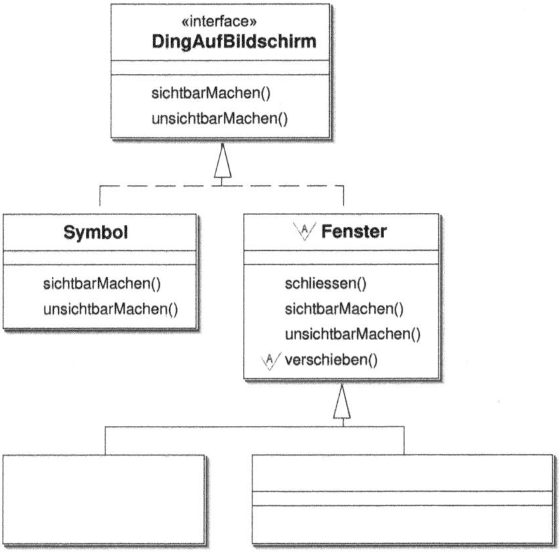

Abbildung 2.1: Beispiel eines UML-Klassendiagramms

Begriffs, jedoch wird die folgende Definition oft gebraucht:

> An *agent* is a computer system that is *situated* in some *environment*, and that is capable of *autonomous action* in this environment in order to meet its design objectives [Wool02, S. 15][2].

Diese Definition ist sehr weit gefasst; so wird schon ein (elektronischer) Heizungsthermostat als Beispiel angeführt[3], denn er befindet sich in einer Umgebung (einem Raum) und kann eine Heizung autonom, d.h. ohne Fremdeinwirkung, ein- oder ausschalten. Dies dient seinem Entwurfsziel, eine angenehme Raumtemperatur zu erhalten.

Ob der Begriff der Autonomie in diesem Beispiel nicht überstrapaziert wird, wird im Abschnitt 2.2.3 diskutiert werden.

2.2.2 Intelligente Agenten

Von einem *intelligenten* Agenten werden zusätzlich gefordert [Wool02, S. 23]:

[2]Die Hervorhebungen sind aus dem Original übernommen.

[3][Wool02, S. 16] nennt dies „a simple (and overused) example“.

- Reaktivität: Der Agent nimmt seine Umgebung wahr und kann auf Veränderungen in dieser reagieren.
- Proaktivität: Um sein Ziel zu erreichen, kann der Agent auch selbst initiativ werden.
- Interaktionsfähigkeit: Der Agent interagiert und kooperiert mit Dritten, z.B. weiteren Agenten.

Ein intelligenter Agent könnte z.B. von seinem Besitzer den Auftrag erhalten, ein Geburtstagsgeschenk für dessen Frau zu kaufen. Um diese Aufgabe zu erledigen, nimmt der Agent Kontakt zum Einkaufsagenten der Dame auf (er *interagiert*), um ihre Präferenzen zu erfahren. Danach versucht er *proaktiv*, Kontakt mit einem Buchhändler aufzunehmen. Da dieser jedoch aus technischen Gründen nicht erreichbar ist, *reagiert* er, indem er einen anderen Buchhändler wählt.

In einem *Multiagentensystem (MAS)* kann eine Vielzahl von Agenten kooperieren, um ein übergeordnetes Ziel zu erreichen.

2.2.3 Autonomie

In der Literatur finden sich unterschiedliche Definitionen der Autonomie. Nach Weiss [Weis99, S. 2] ist ein System autonom, wenn es in einem gewissen Umfang sein eigenes Verhalten kontrollieren und ohne den Eingriff von Menschen oder anderen Systemen handeln kann.

Nach einer anderen Definition ist ein automatisches System ein System, das sich selbst steuert; ein autonomes System kann zusätzlich auch die Regeln und Strategien ändern, nach denen es sich steuert (Tim Smithers, 1992, zitiert nach [Stee95, S. 5]). Zur Autonomie gehört demnach auch Lernfähigkeit; ein System, das nur auf Gegebenheiten reagieren kann, mit denen schon zur Zeit seines Entwurfs gerechnet wurde, ist lediglich automatisch, nicht autonom [Stee95, S. 5].

Vom Standpunkt des Benutzers aus ist es nicht unbedingt erwünscht, ein autonomes System auch wirklich unabhängig handeln zu lassen; zwar kann es auf mehr Situationen reagieren als ein automatisches System, doch kann die Anpassung seiner Strategien durchaus auch zu unerwarteten Ergebnissen führen. Wünschenswert wäre also eine Möglichkeit, die Autonomie eines Agenten zu steuern oder die Folgen von Fehlentscheidungen einzudämmen.

Im Rahmen dieser Arbeit soll der erstgenannte Autonomiebegriff zugrunde gelegt werden; für den Benutzer ist wichtig, ob der Agent weitgehend ohne sein Eingreifen handeln kann. Hingegen gibt es durchaus auch Einsatzszenarien, in denen ein Agent nicht mit unvorhergesehenen Situationen zurecht kommen muss. Auch der o.g. Thermostat ist somit ein Agent.

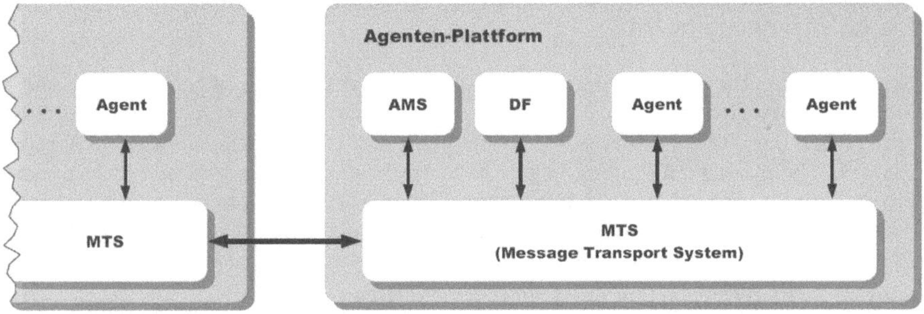

Abbildung 2.2: FIPA-Systemarchitektur (nach [Fipac])

2.2.4 Agentenplattformen

Allgemeines

Auch, wenn Agenten in den unterschiedlichsten Bereichen eingesetzt werden: um interagieren zu können, sind eine Reihe von generischen Basisdiensten nötig. Es wäre nicht sinnvoll, diese für jeden Agenten einzeln zu implementieren; stattdessen werden diese Dienste durch *Agentenplattformen* bereitgestellt.

Um eine agenten- und plattformübergreifende Interaktion zu ermöglichen, hat die FIPA (Foundation for Intelligent Physical Agents) zahlreiche Standards entwickelt, die Architektur und Sprachen betreffen. Eine Agentenplattform stellt bereit (vgl. Abbildung 2.2 und [Fipac, S. 2]):

- Ein *Message Transport System (MTS*[4]*)*, das für die Kommunikation zwischen Agenten zuständig ist. Das MTS wird durch einen *Agent Communication Channel (ACC)* realisiert (s. [Fipad]).
- Ein *Agent Management System (AMS)*, das für zentrale Managementaufgaben der Plattform zuständig ist, z.B. die Erzeugung von Agenten. Das AMS bietet auch einen „Telefonbuchdienst“ (*white pages*) an.
- optional einen oder mehrere *Directory Facilitators (DF)*, die ein „Branchenbuch“ (*yellow pages*) realisieren. Ein DF kann als Agent realisiert sein, muss aber nicht.

Beispiele solcher Plattformen sind FIPA-OS [Fipaj] und JADE [Jadeb], das im Rahmen dieser Arbeit die Grundlage für die Implementierung darstellen soll.

Eine Plattform ist nicht auf einen einzelnen Rechner beschränkt, sondern kann auch auf mehrere verteilt werden.

[4]Die Abkürzung wird auch für *Message Transport Service* verwendet

Die Agentenplattform JADE

Die Agentenplattform JADE [Jadeb], derzeit in der Version 3.1 verfügbar, ist vollständig in der objektorientierten Programmiersprache Java [Java] geschrieben. Sie entspricht den o.g. FIPA-Standards, stellt einen DF- und einen AMS-Agenten zur Verfügung und beinhaltet ein umfangreiches API (Application Programming Interface) zur Entwicklung eigener Agenten in Java. Die Verwendung von Ontologien (vgl. Abschnitt 2.3, S. 12) zur Kommunikation wird durch enthaltene Codecs (Codierer/Decodierer) unterstützt, die auf Basis einer Ontologie die Abbildung einer Objekthierarchie in einen Ausdruck einer Sprache und umgekehrt ermöglichen.

Einem JADE-Agenten sind ein oder mehrere *Behaviours* (Verhalten) zugeordnet; diese sind für Interaktionen des Agenten mit seiner Umwelt, insbesondere mit anderen Agenten, zuständig.

2.2.5 Nachrichtenformate

Um effiziente Kommunikation zwischen mehreren Agenten zu gewährleisten, sind Standards für den Transport und das Format der gesendeten Nachrichten erforderlich. Spezifikationen für den Transport finden sich in [Fipae]. Von Interesse sind im Rahmen dieser Arbeit insbesondere die Spezifikationen für das Nachrichtenformat, von der FIPA bezeichnet als Agent Communcation Language Specifications (ACL Specifications, vgl. [Fipab]) und gegliedert in Allgemeines, Interaktionsprotokolle, Sprechakte und Inhaltssprachen.

Allgemeines

In [Fipaa] ist die Struktur einer Nachricht (ACL-Nachricht, ACL: agent communication language) beschrieben. Diese besteht aus einer Menge von Parameter-Wert-Paaren, die den Sprechakt-Typ, die Teilnehmer einer Kommunikation, Informationen zur Einordnung in einer Konversation, den Nachrichteninhalt sowie Sprache und Ontologie des Inhalts beinhalten (s. Tabelle 2.1). Zusätzliche, benutzerdefinierte Parameter sind zulässig; sie müssen mit „X-" beginnen.

Interaktionsprotokolle

Eine Nachricht kann in der Regel nicht isoliert betrachtet werden, sondern ist Teil einer Konversation, was auch Einfluss auf ihre Semantik hat. So ist die Zeichenfolge „Ja" als Antwort auf ein Kaufangebot anders zu interpretieren, als wenn ein Verkaufsangebot vorausging. Ein Interaktionsprotokoll spezifiziert nun eine Abfolge von Nachrichten mit bestimmter Semantik, z.B. Ausschreibung, Angebot, Annahme. [Fipah] standardisiert einige Interaktionsprotokolle, darunter auch für verschiedene Auktionstypen.

Parameter	Beschreibung
performative	Performativ (Typ) des Sprechakts
sender	Absender der Nachricht
receiver	Empfänger der Nachricht
reply-to	Antwort soll an diesen Agenten geschickt werden
content	Der eigentliche Nachrichteninhalt
language	Die Sprache des Nachrichteninhalts, z.B. SL-0
encoding	Codierung des Nachrichteninhalts
ontology	Ontologie zur Interpretation des Nachrichteninhalts
protocol	Interaktionsprotokoll der Konversation, zu der die Nachricht gehört
conversation-id	Identifikator der Konversation
reply-with	Zeichenkette, die der Antwortende in das *in-reply-to*-Feld schreiben soll. Dient der Zuordnung von Nachricht und Antwort.
in-reply-to	s. *reply-with*
reply-by	Zeitpunkt, bis zu dem eine Antwort erwartet wird.

Tabelle 2.1: Felder in ACL-Nachrichten

Sprechakte

Die Theorie der Sprechakte wurde von John Austin eingeführt und in [Aust62] veröffentlicht. Ausgangspunkt dieser Theorie ist die Annahme, dass eine sprachliche Äußerung (ein Sprechakt) den Charakter einer Handlung haben kann: Sie kann den Zustand der Welt bzw. der Umgebung verändern.

Austin betrachtete drei Aspekte eines Sprechaktes: Die Lokution (locutionary act) als physische Äußerung, die Illokution (illocutionary act) als Handlung, die der Äußerung innewohnt (z.B. eine Aufforderung) und die Perlokution (perlocution) als Wirkung des Sprechaktes (z.B. die Reaktion eines Dritten auf die Aufforderung). Die Illokution wird durch ein Performativ (performative) beschrieben. Während in der zwischenmenschlichen Kommunikation die explizite Verwendung eines Performativs i.d.R. nicht nötig ist, da es sich aus den Umständen ergibt, ist es in der Kommunikation zwischen Agenten zweckmäßig, das Performativ anzugeben. Hierfür ist in einer ACL-Nachricht ein entsprechendes Feld vorgesehen (s. Tabelle 2.1). Eine Auflistung der von der FIPA spezifizierten Performative nebst einer Beschreibung ihrer formalen Semantik findet sich in [Fipaf].

Inhaltssprachen

Die Sprachen, die für den eigentlichen Inhalt einer Nachricht verwendet werden können, finden sich in [Fipag]. Sie erlauben, einen Sachverhalt auf einer hohen semantischen Ebene auszudrücken; die Semantik selbst ist damit jedoch nicht festgelegt. Beispiele sind FIPA-SL (Semantic Language) und FIPA-RDF (Resource Description Framework).

2.3 Ontologien

Wenn Menschen oder Computer kommunizieren sollen, müssen sie eine gemeinsame Sprache sprechen. Wie in Abschnitt 2.2.5 angeführt, sind mehrere solcher Sprachen von der FIPA standardisiert. Damit ist jedoch lediglich die Grammatik festgelegt. Was fehlt, ist eine Definition der Semantik der verwendeten Begriffe. Nun kann man die Bedeutung eines Begriffs implizit festlegen, indem man z.B. Reaktionen auf bestimmte Begriffe programmiert (oder, bei der Kommunikation zwischen Menschen, diese Begriffe in einem bestimmten Kontext verwendet).

Um ein einheitliches Verständnis auch in einer größeren Gruppe zu erreichen, empfiehlt sich aber eine explizite Definition; diese nennt man auch *Ontologie*[5]:

> An *ontology* is an explicit specification of a conzeptualization [Grub93].

Eine Ontologie erlaubt den Austausch von *Wissen* statt Informationen. Üblicherweise verwendet man in Multiagentensystemen Ontologien, die durch eine Menge von Begriffen (Konzepten), eine Taxonomie (Klassifikation) sowie eine Menge von Beziehungen (Relationen) zwischen den Begriffen spezifiziert werden (vgl. [Wool02, S. 180]). Während es durchaus Ansätze gibt, domänenübergreifende Ontologien zu spezifizieren, sind nach wie vor für viele Zwecke domänenspezifische Ontologien vonnöten; in ACL-Nachrichten kann im Feld *ontology* angegeben werden, welche Ontologie den im Nachrichteninhalt verwendeten Begriffen zugrunde liegt. Ontologien können mit Werkzeugen wie Protégé-2000 [Prot] erstellt und in Sprachen wie XML (extensible markup language) in Verbindung mit RDF oder den darauf aufbauenden Sprachen DAML+OIL (DARPA Agent Markup Language + Ontology Inference Layer [Daml]) und OWL (OWL Web Ontology Language[6] [OWL]) repräsentiert werden.

Eine Ontologie kann auch in der Objekthierarchie einer objektorientierten Programmiersprache wie Java repräsentiert werden; der Übergang zu dieser Repräsentation wird ebenfalls durch Werkzeuge unterstützt (siehe z.B. [Bean]).

Im Vergleich zu Datenbankschemata sind Ontologien leichter wiederverwendbar und auf einer höheren semantischen Ebene angesiedelt.

[5] Der Begriff stammt ursprünglich aus der Philosophie.

[6] Hierbei handelt es sich nicht um einen Schreibfehler.

2.4 Elektronische Signaturen

Wenn Erklärungen oder sonstige Daten übermittelt werden sollen, legen Absender und Empfänger in der Regel Wert darauf, dass diese unverändert ankommen. Von besonderer Wichtigkeit kann dies sein, wenn im Nachhinein Streit entsteht und der Empfänger beweisen muss, dass der Absender eine Erklärung eines bestimmten Inhalts abgegeben hat (z.B. falls ein Vertragsschluss bewiesen werden muss). Eine Lösung dieses Problems bieten elektronische Signaturen, auch als digitale Signaturen bezeichnet.[7]

2.4.1 Anforderungen an die sichere Nachrichtenübertragung

Genauer betrachtet bestehen folgende Anforderungen an die sichere Übermittlung von Nachrichten (vgl. [TrWa02, S. 9]):

- Integrität: Eine Nachricht kann während des Transports nicht verändert werden, ohne dass dies bemerkt wird.
- Authentizität: Ein Dritter soll nicht erfolgreich vortäuschen können, eine Nachricht stamme von ihm, wenn dies nicht der Fall ist.
- Nicht-Abstreitbarkeit: Der Absender soll nicht mit Erfolg bestreiten können, dass eine Nachricht mit einem bestimmten Inhalt von ihm stammt.
- Vertraulichkeit: Kein Dritter soll die übermittelte Nachricht lesen können. Vertrauliche Nachrichtenübermittlung soll im Folgenden nicht betrachtet werden, da ein wirksamer und beweisbarer Vertragsschluss nicht von ihr abhängt.

Es ist heute durch den Einsatz elektronischer Signaturen technisch möglich, die drei erstgenannten Anforderungen zu erfüllen.

2.4.2 Funktionsweise elektronischer Signaturen

Asymmetrische Kryptographie

Während die *symmetrische* Kryptographie sich damit befasst, eine Nachricht m mit dem selben Schlüssel zu ver- und zu entschlüsseln, werden in der *asymmetrischen* Kryptographie (oder Public-Key-Kryptographie) hierzu zwei verschiedene Schlüssel verwendet. Dies sind der (geheime) private Schlüssel e und der öffentliche Schlüssel d. Beide

[7]Beide Begriffe werden synonym verwendet; in der juristischen Literatur findet sich teilweise jedoch eine Unterscheidung, wonach der Begriff „elektronische Signatur" technologieneutral ist, der Begriff „digitale Signatur" hingegen ausschließlich im Kontext asymmetrischer Kryptographie verwendet wird.

hängen in einer bestimmten Art und Weise zusammen, so dass eine mit dem öffentlichen Schlüssel verschlüsselte Nachricht mit dem privaten wieder entschlüsselt werden kann, und umgekehrt.[8] Wichtig für die Funktionsweise ist, dass der private Schlüssel aus dem öffentlichen Schlüssel nur mit unverhältnismäßig hohem Aufwand zu berechnen ist. Wohl bekanntestes Beispiel eines solchen Verfahrens ist der RSA-Algorithmus, vorgeschlagen in [RiSA78].

Ein einfaches Signaturverfahren

Alice[9] will Bob eine Nachricht m zukommen lassen, die die o.g. Anforderungen erfüllt. Also verschlüsselt Alice m mit ihrem privaten Schlüssel e und schickt das Chiffrat c zusammen mit m an Bob. Bob entschlüsselt nun c mit Alices öffentlichem Schlüssel d[10]. Sind m und die Entschlüsselung von c identisch, so kann Bob sicher sein, dass die Nachricht von Alice stammt.

Dieses Verfahren hat jedoch drei Nachteile:

- Es muss nun ungefähr die doppelte Datenmenge übertragen werden, nämlich die gleiche Nachricht einmal im Klartext und einmal chiffriert.
- Asymmetrische Verfahren sind mit einem hohen Rechenaufwand verbunden; mit dem genannten Verfahren muss aber jeweils die gesamte Nachricht verschlüsselt werden.
- Bob muss zur Prüfung der Signatur den öffentlichen Schlüssel von Alice kennen *und ihr sicher zuordnen können*. Bob muss den Schlüssel also über einen sicheren Kanal erhalten, d.h. ihn z.B. vor der Prüfung einer Signatur von Alice z.B. persönlich bekommen haben. Wenn Bob nicht nur mit Alice, sondern auch mit Charles, Dave und Eve kommuniziert, kann auch der Schlüsselaustausch aufwendig werden.

Die ersten beiden Probleme werden durch die Verwendung kryptographischer Hash-Funktionen adressiert, das dritte durch Zertifizierung.

Verwendung kryptographischer Hash-Funktionen

Um den Aufwand sowohl der Signaturerzeugung selbst als auch der Datenübertragung zu verringern, besteht nun die Möglichkeit, statt der kompletten Nachricht nur

[8] Dass dies in beide Richtungen funktioniert, ist keine notwendige Bedingung; es ermöglicht aber, mit nur einem Schlüsselpaar Nachrichten zu signieren und zu verschlüsseln.

[9] In der Literatur aus dem Bereich der Kryptographie werden Absender und Empfänger klassisch als *Alice* und *Bob* bezeichnet.

[10] Es wäre auch denkbar, nur c zu verschicken; ist die Entschlüsselung sinnvoller Text, so kann man davon ausgehen, dass die Nachricht nicht verändert wurde. Wenn jedoch die Nachricht kein sinnvoller Text sein muss oder Bob ein Computer ist, wäre dieses Verfahren nicht mehr möglich.

ein kleineres Substitut zu übertragen. Hierzu werden *kryptographische Hash-Funktionen* eingesetzt. Eine *Hash-Funktion* ist hierbei eine leicht zu berechnende Funktion, die eine Eingabe beliebiger Länge auf eine Ausgabe fester Länge abbildet [Wätj03, S.87].

An eine *kryptographische* Hash-Funktion werden zusätzlich drei Anforderungen gestellt (vgl. [TrWa02, S. 182], [Wätj03, S.87-90]):

- Es muss sich um eine *Einweg-Funktion* handeln, d.h. es darf nicht effizient möglich sein, zu einem gegebenen Funktionswert (Hash-Wert) ein Urbild zu bestimmen.
- Es darf nicht effizient möglich sein, zu einer gegebenen Nachricht eine zweite zu finden, der der gleiche Hash-Wert zugeordnet wird (*schwache Kollisionsresistenz*).
- Es darf nicht effizient möglich sein, zwei Nachrichten zu konstruieren, die auf den gleichen Hash-Wert abgebildet werden (*starke Kollisionsresistenz*).

Die beiden ersten Eigenschaften folgen aus der dritten [Wätj03, S. 89 f.].

Alice kann nun also den Hash-Wert der Nachricht m berechnen, mit ihrem privaten Schlüssel verschlüsseln und zusammen mit m an Bob senden. Bob berechnet ebenfalls den Hash-Wert von m. Danach entschlüsselt er den Hash-Wert, der ihm zugeschickt wurde, mit Alices öffentlichem Schlüssel d. Stimmen beide Werte überein, so ist die Nachricht echt und unverändert (vgl. Abbildung 2.3).

Gängige kryptographische Hashfunktionen sind z.B. MD5 (128 bit Ausgabe, dokumentiert in [Rive92]) und SHA-1 (160 bit Ausgabe, dokumentiert in [SHA195]).

Zertifizierung

Damit Alice nicht den öffentlichen Schlüssel jedes einzelnen Kommunikationspartners persönlich mit diesem austauschen muss, bedient sie sich der *Zertifizierung*. Dabei besorgt sie sich einmalig den öffentlichen Schlüssel einer vertrauenswürdigen Instanz, der Zertifizierungsstelle (engl. certification authority, CA). Diese wiederum überprüft die Identität von Personen, die sicher kommunizieren wollen, und stellt diesen ein Zertifikat (ID-Zertifikat, Identitätszertifikat) aus. Das Zertifikat besteht aus einem öffentlichen Schlüssel, Daten, die diesem Schlüssel zugeordnet werden sollen, und der Signatur der Zertifizierungsstelle. Mit dem öffentlichen Schlüssel der CA kann jedes von ihr ausgestellte Zertifikat überprüft werden. Es ist nicht erforderlich, dass nur eine einzige Zertifizierungsstelle existiert; bei der weit verbreiteten Verschlüsselungs- und Signatursoftware PGP (in der Version OpenPGP standardisiert in [CDFT98]) ist sogar vorgesehen, dass jeder Nutzer gleichzeitig Zertifizierungsstelle ist.

Das Problem des Schlüsselaustauschs ist durch die Zertifizierung also gelöst: Alice muss nicht mehr mit all ihren Kommunikationspartnern öffentliche Schlüssel durch sichere Kommunikationskanäle austauschen. Vielmehr genügt es, wenn sie sich die

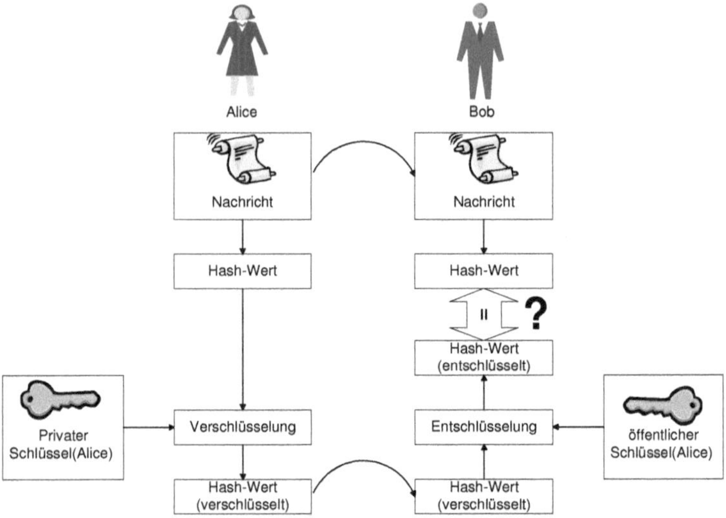

Abbildung 2.3: Elektronische Signatur mit Hash-Funktion

öffentlichen Schlüssel weniger Zertifizierungsstellen in einer sicheren Art und Weise verschafft. Andere öffentliche Schlüssel können dann auf beliebigem Wege übertragen werden; von den Zertifizierungsstellen ausgestellte Zertifikate bestätigen ihre Echtheit bzw. ihre Zuordnung an eine Person.

Außer ID-Zertifikaten gibt es noch Autorisierungs- und Attributzertifikate. Relevant sind im Rahmen dieser Arbeit insbesondere Attributzertifikate. Es handelt sich um digitale Dokumente, die bestätigen, dass der Inhaber eines bestimmten ID-Zertifikats bestimmte Attribute besitzt. Sie werden von einer *Attribute Authority* (AA) ausgestellt und unterzeichnet, die der CA bei ID-Zertifikaten entspricht. Attribute können z.B. Zugriffsberechtigungen sein.

2.4.3 Schwachpunkte

Wesentlicher Schwachpunkt von Public-Key-Systemen ist der Zusammenhang zwischen öffentlichem und privatem Schlüssel. Dass es nur mit unverhältnismäßig hohem Aufwand möglich ist, den privaten aus dem öffentlichen Schlüssel zu berechnen, wird z.B. beim RSA-Algorithmus nur vermutet; bewiesen ist es nicht. In der Tat sind heute bereits wesentlich effizientere Faktorisierungsalgorithmen (auf deren Komplexität RSA beruht) bekannt als zum Zeitpunkt der Veröffentlichung. So schätzte man 1977, die Entschlüsselung eines damals veröffentlichten, RSA-verschlüsselten Satzes würde mit den zu dieser Zeit bekannten Algorithmen $4 \cdot 10^{16}$ Jahre dauern, also um ein Vielfaches länger als das bisherige Alter des Universums. Jedoch wurde die Aufgabe bereits 1994 gelöst [Schä03, S. 84].

Während diese Schwäche sich jedoch bisher durch Ausweichen auf andere Verfahren und Verwendung längerer Schlüssel umgehen ließ, gilt dies nicht für unweigerlich immer wieder auftretende Fehler in dem Implementierungen der Verfahren und fahrlässigen Umgang der Nutzer mit ihren privaten Schlüsseln, z.B. durch die Wahl zu einfacher Passwörter, mit denen der Zugriff auf Schlüssel geschützt wird.

2.4.4 Die elektronische Signatur im deutschen Recht

In Deutschland sind elektronische Signaturen im Gesetz über Rahmenbedingungen für elektronische Signaturen (Signaturgesetz, SigG) von 2001 geregelt. Es definiert drei Klassen elektronischer Signaturen:

- *Einfache*[11] elektronische Signaturen sind nach § 2 Nr. 1 SigG Authentifizierungsdaten, an die keine besonderen Sicherheitsanforderungen gestellt werden. Insbesondere muss es sich nicht um Signaturen im Sinne der Kryptographie handeln. Bereits eine eingescannte Unterschrift fällt unter diesen Begriff.

- *Fortgeschrittene* elektronische Signaturen (§ 2 Nr. 2 SigG) beinhalten zusätzlich den Schutz von Integrität und Authentizität der Daten. Eine ausführliche Diskussion fortgeschrittener elektronischer Signaturen erfolgt in Abschnitt 4.7.1.

- An *qualifizierte* elektronische Signaturen (§ 2 Nr. 3 SigG) sind noch höhere Anforderungen geknüpft: Sie müssen „mit einer sicheren Signaturerstellungseinheit" (praktisch werden hierfür Lösungen mit Chipkarten verwendet) erzeugt werden, und die verwendeten Zertifikate („qualifizierte Zertifikate") müssen von einer Zertifizierungsstelle[12] stammen, die bestimmte Voraussetzungen (insbesondere Zuverlässigkeit, Deckungsvorsorge) nach § 4 ff. SigG erfüllt. Zusätzlich haben die Zertifizierungsstellen die Möglichkeit, sich nach §§ 15-16 SigG freiwillig akkreditieren zu lassen.

Eine Liste aller Zertifizierungsstellen, die ihre Tätigkeit der zuständigen Regulierungsbehörde für Telekommunikation und Post (RegTP) angezeigt bzw. das Akkreditierungsverfahren durchlaufen haben, findet sich unter [Regt].

Nach § 126 III BGB ersetzt die elektronische Form die Schriftform, „wenn sich nicht aus dem Gesetz ein anderes ergibt". Die elektronische Form ist dabei gewahrt, wenn einer Erklärung der Name ihres Ausstellers hinzugefügt und sie mit einer qualifizierten elektronischen Signatur versehen wird (§ 126a I BGB); bei Verträgen müssen beide

[11] Das Gesetz nennt diese nur „elektronische Signaturen"; das Adjektiv „einfach" soll hier der Abgrenzung zu den anderen Typen dienen.

[12] Das Gesetz verwendet den Begriff „Zertifizierungsdiensteanbieter".

Parteien diesen Vorgang durchführen (§ 126a II BGB). Aus technischer Sicht ist das Hinzufügen des Namens unnötig, da er auch schon im Zertifikat enthalten ist, das zur Prüfung der Signatur ohnehin benötigt wird. Jedoch kann auf diese Weise erreicht werden, dass dem Erklärenden der verbindliche Charakter der Erklärung bewusst wird.

Die Verwendung der elektronischen Form erleichtert die Beweisführung im Zivilprozess: Die Echtheit von Erklärungen in dieser Form wird nach § 371a I Satz 2 ZPO vermutet. Erschüttert werden kann diese Vermutung nur durch Tatsachen, „die ernstliche Zweifel daran begründen, dass die Erklärung vom Signaturschlüssel-Inhaber abgegeben worden ist."[13] (es liegt also ein Anscheinsbeweis vor). Vergleichbare Regelungen gibt es für die einfache und die fortgeschrittene elektronische Signatur nicht. Diese können nach § 371 I ZPO („durch Vorlegung oder Übermittlung der Datei") in einen Prozess eingeführt werden und unterliegen der freien richterlichen Beweiswürdigung (vgl. [Roßn03b, S. 168]).

2.5 Willenserklärungen

Der Begriff der Willenserklärung ist zentral für das deutsche Zivilrecht; unter anderem ist die Abgabe von Willenserklärungen Voraussetzung für einen Vertragsschluss. Zwar ist der Begriff im BGB nicht definiert; allgemein wird darunter jedoch das „Bekunden eines rechtlich bedeutsamen Willens" verstanden [Rüth93, S. 125, Rn. 191 f.]. Eine Willenserklärung besteht aus einer objektiven Komponente, der Erklärungshandlung, und einer subjektiven Komponente, dem Willen.

Die Erklärung braucht hierbei nicht ausdrücklich zu erfolgen; konkludentes Handeln reicht aus. Schweigen ist grundsätzlich keine Willenserklärung; im Handelsrecht und in einigen Fällen auch im bürgerlichen Recht kann dem Schweigen ausnahmsweise doch eine solche Bedeutung zukommen [Rüth93, S. 127, Rn. 194].

Beim „Willen" gilt es zu differenzieren: Fehlt dem Erklärenden der Handlungswille (also der Wille, überhaupt eine Handlung auszuführen), spricht er z.B. nur im Schlaf, so liegt keine Willenserklärung vor (Dörner in [Schu02, vor §§ 116-144, Rn. 4]).

Handelt der Erklärende bewusst, will dabei jedoch keine rechtsgeschäftliche Erklärung abgeben, so fehlt ihm das Erklärungsbewusstsein. Jedoch sind nach § 157 BGB Verträge und nach h.M. auch Willenserklärungen (vgl. Wendtland in [BaRo03, § 157 Rn. 2]) „so auszulegen, wie Treu und Glauben mit Rücksicht auf die Verkehrssitte es erfordern." Die h.M. geht davon aus, dass auch bei fehlendem Erklärungsbewusstsein eine (anfechtbare) Willenserklärung vorliegt, wenn der Erklärende „hätte erkennen und ver-

[13] Diese Regelung, jedoch dem Wortlaut nach auf Willenserklärungen beschränkt, fand sich ursprünglich in § 292a ZPO. Sie wurde durch das am 1. April 2005 in Kraft getretene Justizkommunikationsgesetz in § 371a I überführt. Geändert wurde zudem die Art der Erschütterung des Anscheinsbeweises: Nach alter Fassung mussten Zweifel daran begründet werden, dass „die Erklärung *mit dem Willen* des Signaturschlüssel-Inhabers abgegeben worden ist".

meiden können", dass seine Äußerung nach diesem Grundsatz als solche aufgefasst werden durfte und der Empfänger sie auch tatsächlich so auffasst (Dörner in [Schu02, vor §§ 116-144]).

Der Geschäftswille (Rechtsfolgenwille) schließlich ist der Wille, eine konkrete Rechtsfolge herbeizuführen ([Rüth93, S. 136, Rn. 208]. Auch sein Fehlen verhindert nicht das Zustandekommen einer Willenserklärung, führt jedoch ggf. zu deren Anfechtbarkeit (vgl. Dörner in [Schu02, vor §§ 116-144]).

2.6 Instrumente zur Unsicherheitsreduktion

2.6.1 Motivation

In einer Welt der Sicherheit genügt es, vor Vertragsabschluss mögliche Allokationen[14] zu vergleichen. Lässt sich ein Vertrag aushandeln, der beide Parteien besser stellt, als wenn kein Vertrag geschlossen würde, so kommt dieser zustande, und beide Parteien halten ihre sich daraus ergebenden Verpflichtungen ein.

In der Realität besteht jedoch ein hohes Maß an Unsicherheit. Die Absichten des Vertragspartners sind unbekannt; so kann er andere Ziele verfolgen, als man selbst vermutet, und z.B. den Vertrag brechen. Überdies kann der Vertrag im Nachhinein für eine oder beide Seiten unzweckmäßig werden, oder es kann sich herausstellen, dass er dies (unerkannt) von Anfang an war.

2.6.2 Instrumente

Das Recht hat Instrumente entwickelt, um die aus der Unsicherheit resultierenden Probleme reduzieren zu können.

Zunächst zählt hierzu der Grundsatz „pacta sunt servanda" („Verträge sind einzuhalten"). Wegen dieses Grundsatzes und der ihn umsetzenden Regelungen des BGB können die Vertragspartner in der Regel von der Erfüllung eines Vertrags ausgehen.

Zu diesen Instrumenten zählen außerdem alle Möglichkeiten, sich von einem einmal geschlossenen Vertrag wieder zu lösen. Sie können ihrerseits für den anderen Vertragspartner aber eine erhöhte Unsicherheit bedeuten, weil er sich auf einen einmal geschlossenen Vertrag nicht unbedingt verlassen kann. Deshalb ist das nachträgliche Lösen von einem Vertrag der Ausnahmefall.

Unproblematisch ist natürlich der *Aufhebungsvertrag*, in dem beide Parteien vereinbaren, nicht am ursprünglichen Vertrag festhalten zu wollen.

Weitere Instrumente, sich von einem Vertrag zu lösen, sind:

[14] „Verteilung der verfügbaren Produktionsfaktoren auf die verschiedenen Produktionsmöglichkeiten in einer Volkswirtschaft" [PoKP01, Eintrag „Allokation"].

- Anfechtung der auf den Vertragsabschluss gerichteten Willenserklärung (vgl. Abschnitt 3.1.4, S. 28).
- Anpassung des Vertrags oder Rücktritt nach § 313 BGB (Störung der Geschäftsgrundlage).
- Bei Dauerschuldverhältnissen die Kündigung.
- Widerruf, z.B. nach den Bestimmungen des Fernabsatzrechts (vgl. Abschnitt 3.5, S. 37).

Im Folgenden sollen Schadensersatz, Vertragsstrafe und Reugeld als Instrumente zur Unsicherheitsreduktion betrachtet werden. Zur Illustration soll das Beispiel eines Blumenhändlers dienen, der von einem Großhändler Blumen bezieht. Dieses Beispiel wird in Kapitel 6 nochmals aufgegriffen und dann deutlich erweitert.

2.6.3 Schadensersatz

Mit einer gewissen Wahrscheinlichkeit p bleibt eine Lieferung des Großhändlers aus; die Blumen können nicht weiterverkauft werden, und dem Einzelhändler entgeht ein Gewinn. Wenn das Gesetz das Risiko für den konkreten Fall dem Großhändler zuweist, so ist dieser zur Zahlung von Schadensersatz verpflichtet. Um dies jedoch durchzusetzen, entstehen Transaktionskosten, z.B. in Form des Prozessrisikos. Insbesondere muss nicht nur bewiesen werden, dass die Lieferung nicht erfolgte, sondern auch, dass (und in welcher Höhe) ein Schaden entstanden ist.

Der Schadensersatz aus einem Vertragsverhältnis (bzw. allgemein: einem Schuldverhältnis) ist im deutschen Recht in den §§ 280 ff. BGB geregelt.

2.6.4 Vertragsstrafe

Aus juristischer Sicht ist die Vertragsstrafe das „Versprechen einer Leistung für den Fall der Nicht- oder Schlechterfüllung einer Verbindlichkeit" [Geil03, S.4]. Es wird also eine Leistung für den Fall eines Bedingungseintritts versprochen: Die Vertragsstrafe ist aufschiebend bedingtes Leistungsversprechen (Rieble in [vSta01, vor §§ 339 ff., Rn. 1]).

Die Vertragsstrafe dient als Druckmittel mit dem Zweck, die ordnungsgemäße Erfüllung einer Hauptpflicht (nicht notwendigerweise einer vertraglichen Pflicht) sicherzustellen (vgl. Rieble in [vSta01, vor §§ 339 ff., Rn. 4,13]). Die Wahrscheinlichkeit p einer Nichtlieferung kann also im oben angeführten Szenario verringert werden.

Außerdem kann die Vertragsstrafe die Transaktionskosten reduzieren, falls tatsächlich nicht geliefert wird. Der Beweis, ob der Großhändler die Nichtlieferung zu vertreten hat, ist noch zu führen – diese Voraussetzung ist nach h.M. jedoch abdingbar[15]. Im

[15] vgl. [BGH97, S. 686]; Heinrichs in [Pala03, § 339, Rn. 3]; anderer Auffassung Rieble in [vSta01, vor §§ 339 ff., Rn. 40] mit der Begründung, es würde sich in diesem Fall um eine Garantie und nicht eine Vertragsstrafe handeln.

Vergleich zum Schadensersatz fällt aber der Beweis weg, ob (und in welcher Höhe) ein Schaden entstanden ist (Heinrichs in [Pala03, vor §§ 339 ff., Rn. 1]). Ein über die Höhe der vereinbarten Vertragsstrafe hinausgehender Schaden kann dennoch geltend gemacht werden (§ 340 II S. 2 BGB). Die im Gesetz vorgesehene Anrechnung der Vertragsstrafe auf den Schadensersatz kann auch abbedungen werden (Rieble in [vSta01, vor §§ 339 ff., Rn. 35]); in diesem Fall tritt die Funktion als Druckmittel in den Vordergrund.

Insgesamt kann die Vertragsstrafe also für die eine Seite (den Einzelhändler) eine Reduktion der Unsicherheit sowie eine Reduktion der Kosten im Fall der Nichtlieferung bedeuten. Insbesondere, wenn der Einzelhändler eine höhere Risikoaversion besitzt als der Großhändler, was wohl der typische Fall ist, wird damit die Effizienz gesteigert. Allerdings gilt zu bedenken, dass die Vertragsstrafe erst vereinbart werden muss. Wenn dadurch Transaktionskosten gesenkt werden können, müsste eine solche Vereinbarungjedoch möglich sein, denn bei einer angemessenen Gegenleistung können beide Seiten davon profitieren.

Vertragsstrafen sind unter anderem im Bau-, Wettbewerbs[16]- und Arbeitsrecht üblich [Geil03, Seite 1].

In Abschnitt 5.1 wird die Vertragsstrafe aus juristischer Sicht dargestellt.

2.6.5 Reugeld

Nehmen wir nun folgende Situation an: Aufgrund unerwartet hoher Nachfrage an einem anderen Ort könnte der Großhändler die Blumen dort zu einem deutlich höheren Preis verkaufen. Sein Gewinn würde sich dadurch um 10.000 € erhöhen, der erwartete Schaden des Einzelhändlers bei Nichtlieferung jedoch nur 5.000 € betragen. Effizient wäre also, diesen Händler nicht zu beliefern. Dies ist jedoch als Vertragsbruch zunächst rechtswidrig und würde auch den Ruf des Großhändlers verschlechtern. Ein Aufhebungsvertrag gegen Zahlung eines Betrags zwischen 5.000 € und 10.000 € wäre denkbar; jedoch kann sich keine Seite im Vorhinein auf ein bestimmtes Verhandlungsergebnis verlassen.

Die Lösung könnte in der Vereinbarung eines Rücktrittsrechts bereits bei Vertragsschluss liegen. Dieses könnte von der Zahlung einer Geldsumme abhängig gemacht werden, die man auch als *Reugeld* bezeichnet.

Im deutschen Recht findet sich eine Regelung über das Reugeld in § 353 BGB[17], als Teil der Regelungen über den Rücktritt.

Wesentlicher Unterschied zur Vertragsstrafe ist, dass der Rücktritt gegen Reugeld keinen Vertragsbruch darstellt, mithin rechtmäßig ist (Kaiser in [vSta01, § 359 Rn. 4][18]).

[16]Zur Sicherung von Unterlassungsansprüchen
[17]Vor der Schuldrechtsreform: § 359 BGB; eine inhaltliche Änderung fand nicht statt.
[18]Der Kommentar stammt aus der Zeit vor der Schuldrechtsreform.

Wird nicht spätestens bei der Rücktrittserklärung das Reugeld bezahlt, so kann der Erklärungsempfänger diese (unverzüglich, d.h. nach § 121 BGB ohne schuldhaftes Zögern) zurückweisen. Nach Zurückweisung kann der Erklärende die Zahlung unverzüglich nachholen; die Erklärung bleibt dann wirksam (§ 353 BGB). Diese Regelung ist jedoch abdingbar (Kaiser in [vSta01, § 359, Rn. 7]).

Reugelder sind in der Praxis seltener als Vertragsstrafen; § 353 BGB wird kaum mehr angewandt (Kaiser in [vSta01, § 359 Rn. 1]).

Eine Diskussion des Reugelds aus juristischer Sicht findet sich in Abschnitt 5.2.

Kapitel 3

Agentenverträge

Die Fähigkeit von Agenten, verbindliche Verträge schließen zu können, ist von erheblicher Bedeutung für ihren Einsatz zur Minimierung von Transaktionskosten.

In diesem Kapitel soll geklärt werden, wie *Agentenverträge* einzuordnen sind und was beim Vertragsschluss zu beachten ist. Unter einem Agentenvertrag soll dabei ein Vertrag verstanden werden, bei dem mindestens eine der zugehörigen Willenserklärungen durch einen Agenten erstellt wurde (das heißt nicht, dass der Agent Vertragspartner ist oder auch nur eine eigene Willenserklärung abgibt). Der Agentenvertrag ist somit Sonderfall eines elektronischen Vertrags[1].

Das Kapitel beginnt mit der Einordnung der Computererklärung, zunächst noch ohne Bezug zu Softwareagenten. Es schließt sich die Frage an, ob Agenten eigene Willenserklärungen abgeben können und inwieweit Unterschiede zur „klassischen", in der Literatur bereits ausgiebig untersuchten Computererklärung bestehen. Nach einigen Überlegungen zum Zugang der abgegebenen Willenserklärungen folgen Lösungsansätze zur automatisierten Ermittlung, ob zwei Willenserklärungen übereinstimmen und somit ein Vertrag zustande kommt.

Nach einer Diskussion der Irrtums- und Anfechtungsproblematik wird am Ende des Kapitels erörtert, wie sich Agentenverträge mit dem deutschen Fernabsatzrecht vereinbaren lassen.

[1] Im Rahmen dieser Arbeit soll darunter ein Vertrag verstanden werden, der mit Unterstützung elektronischer Hilfsmittel zustande kommt.

3.1 Computererklärungen

3.1.1 Begriff

Unter einer Computererklärung versteht man nach Holzbach/Süßenberger (in [MoDr02, Teil C, Rz. 66][2]) eine Willenserklärung, die von einem Computer automatisch erstellt und elektronisch an den Computer des Empfängers übermittelt wird. Computererklärungen sind dieser Definition nach eine Teilmenge der elektronisch übermittelten Erklärungen. Auf die Art der Übermittlung kommt es jedoch aus Sicht des materiellen Rechts nicht an (vgl. [Clem85]), so dass die Überlegungen zur Computererklärung auf alle automatisch erstellten Erklärungen (*computergenerierte Erklärungen*) anwendbar sind. Es stellt sich die Frage, ob es nicht sinnvoller wäre, den Begriff der Computererklärung mit dem der computergenerierten Erklärung gleichzusetzen (wie dies auch [Cord01, S. 27] tut). Der Begriff würde somit erweitert, denn er umfasste auch alle Erklärungen, die durch einen Computer generiert und dann nicht auf elektronischem Weg (sondern z.B. in Form eines Ausdrucks) übermittelt werden. Für die Zwecke dieser Arbeit, in der es um zwischen Agenten ausgetauschte Erklärungen geht, kann dies jedoch dahinstehen.

Uneinheitlich wird in der Literatur der Begriff der „elektronischen Willenserklärung" (oder auch „automatisierten" oder „digitalen" Willenserklärung) gebraucht (vgl. Holzbach/Süßenberger in [MoDr02, Teil C, Rz. 66]). Manche Autoren verwenden die Begriffe synonym zum o.g. Begriff der Computererklärung, andere, um eine computergenerierte Erklärung zu kennzeichnen (siehe z.B. Säcker in [ReSR01, Einleitung, Rn. 165], wieder andere benutzen sie als Oberbegriff für elektronisch erzeugte oder übermittelte Erklärungen (so z.B. [Wieb02] bzgl. elektronischer Willenserklärungen).

Es stellt sich nun die Frage, an welche Voraussetzungen die Wirksamkeit einer Computererklärung geknüpft ist. Dazu muss zunächst geklärt werden, wie diese dogmatisch eingeordnet werden kann. Dabei wird an dieser Stelle davon ausgegangen, dass die Willenserklärung derjenigen Person zugerechnet werden soll, die den Computer einsetzt[3].

3.1.2 Einordnung

Zunächst soll untersucht werden, ob sich nicht verwandte Konzepte in BGB und Rechtsprechung finden, die die Interessenlage im Fall der Computererklärung widerspiegeln.

Hier bieten sich an:

- Stellvertretung

[2] so auch [Mehr98]; unklar [Borg03, S. 193]

[3] Ob im Fall intelligenter Agenten eine andere Lösung sachgerecht ist, wird im Anschluss diskutiert.

- Botenschaft
- Blanketterklärung und sonstige arbeitsteilig hergestellte Willenserklärung
- Angebot ad incertas personas

Stellvertretung

Die Stellvertretung (§§ 164 ff. BGB) beschreibt den Fall, dass eine Person (Vertreter) im Namen einer anderen (Vertretener) eine Willenserklärung im Rahmen der ihr zustehenden Vertretungsmacht abgibt. Die Vertretungsmacht könnte im Fall der Computererklärung durch die Programmierung bestimmt sein[4]. Das Problem liegt darin, dass der Vertreter eine eigene Willenserklärung abgibt; dies scheitert im Fall des Computers jedoch an dessen mangelnder Geschäftsfähigkeit (vgl. [Wieb02, S. 129] mit weiteren Nachweisen).

Denkbar wäre allenfalls eine analoge Anwendung des Stellvertretungsrechts, die jedoch in der Literatur mit Hinweis auf §165 BGB und die fehlende Eigenverantwortlichkeit von Computern abgelehnt wird ([Cord01, S. 40], ausführlich [Wieb02, S. 129ff.]).

Botenschaft

Der Bote übermittelt eine fremde Willenserklärung (und gibt keine eigene ab); er hat somit keinen Beurteilungsspielraum [Rüth93, Rn. 490]. Dies entspricht gerade nicht dem Fall einer vom Computer automatisch erstellten Willenserklärung. Die herrschende Meinung lehnt die Einordnung des Computers als Boten aus diesem Grund ab (siehe nur [Cord01, S. 40 f.], [Wieb02, S. 133]).

Blanketterklärung und sonstige arbeitsteilig hergestellte Willenserklärung

Ein Blankett ist eine Urkunde, die vom Aussteller unterzeichnet ist, deren Text jedoch Lücken enthält, die von einer anderen Person ausgefüllt werden können [Cord01, S. 41]. Die Blanketterklärung ist nicht gesetzlich geregelt; die h.M. geht jedoch davon aus, dass der Blankettgeber grundsätzlich eine eigene Willenserklärung abgibt [Cord01, S. 43]. Die Parallele zur Computererklärung liegt darin, dass der Erklärende die Bestimmung des konkreten Erklärungsinhalts aus der Hand gibt. [Cord01, S. 43] sieht den wesentlichen Unterschied darin, dass zwischen Menschen intellektueller Austausch und konstruktive Zusammenarbeit möglich seien, zwischen Mensch und Computer jedoch nicht. In der Tat ist die Interessenlage unterschiedlich: Ein Computer verfolgt keine eigenen Interessen. Der Mensch hat bei der Computer- im Vergleich zur Blanketterklärung somit noch eher Einfluss auf den Erklärungsinhalt. Dies spräche dafür,

[4]Jedoch betrifft die Programierung eigentlich nur das „Innenverhältnis“; wie die Handlungsfreiheit eines Agenten auch im Außenverhältnis beschränkt werden kann, wird später gezeigt werden.

dass eine Computererklärung dem menschlichen Benutzer erst recht zuzurechnen wäre. Andererseits ist für den Empfänger einer Computererklärung meist ersichtlich, dass diese nicht von einem Menschen erstellt wurde, wohingegen bei der Blanketterklärung i.d.R. nicht erkennbar ist, dass sie nicht vollständig vom Blankettgeber stammt. Das Vertrauen Dritter auf die Erklärung macht also einen wesentlichen Unterschied zwischen beiden Fällen aus.

Auch die Grundsätze, die für sonstige arbeitsteilig hergestellte Willenserklärungen erarbeitet wurden, sind auf Computererklärungen nicht anwendbar; die Kooperation zwischen Mensch und Computer unterscheidet sich zu sehr von der zwischenmenschlichen Zusammenarbeit [Cord01, S. 45]. Daran wird sich auch mit den in nächster Zeit zu erwartenden Fortschritten auf dem Gebiet der künstlichen Intelligenz nichts ändern.

Angebot ad incertas personas

Das „Angebot an einen unbestimmten Personenkreis" wurde als Grundlage für den Einsatz von Warenautomaten entwickelt: Der Automatenbetreiber gibt das Angebot durch Aufstellen und Befüllen des Automaten ab; erst mit Annahme durch Einwurf des Kaufpreises wird der konkrete Vertragspartner bestimmt [Cord01, S. 38]. Die Willenserklärung ad incerta personas ist jedoch nicht mit einer Computererklärung vergleichbar, denn bei letzterer wird eben nicht lediglich der Vertragspartner zu einem „auf Vorrat" abgegebenen Angebot konkretisiert, sondern i.d.R. auch der Inhalt erst vom Computer festgelegt ([Cord01, S. 38], [Wieb02, S. 117]). Es bleibt anzumerken, dass durchaus auch Automaten existieren, deren Angebote eher als Computererklärungen einzuordnen sind[5].

Zwischenergebnis

Die „klassischen" Lösungsansätze mögen zwar eine Richtung aufzeigen, wie man Computererklärungen einordnen könnte; keiner von ihnen ist jedoch überzeugend, so dass Computererklärungen nur anhand der Tatbestandsmerkmale der Willenserklärung beurteilt werden können.

3.1.3 Tatbestand der Willenserklärung bei Computererklärungen

Wie oben (s. Abschnitt 2.5) aufgezeigt, gehören zu einer fehlerfreien Willenserklärung Handlungswille, Erklärungsbewusstsein und Geschäftswille.

[5]beispielsweise die Fernverkehrs-Fahrkartenautomaten der Deutschen Bahn

Handlungswille

Der Erklärende muss den Willen haben, überhaupt eine Handlung auszuführen. Die Handlung des Erklärenden wird in der Regel in der Inbetriebnahme eines Computersystems liegen, das dazu geeignet ist, Erklärungen zu erstellen. Prinzipiell gibt es zwei mögliche Fälle, in denen ein Handeln ohne Handlungswillen vorliegt (vgl. Dörner in [Schu02, vor §§ 116-144, Rn. 4]): physischer Zwang oder unbewusstes Handeln.

Denkbar wäre ein Handeln unter physischem Zwang („vis absoluta"), bei dem der Handlungswille fehlen würde (Jauernig in [Jaue99, vor §116, Rn.4]). Zwar kommt Cordes in [Cord01, S. 53] zu dem Schluss, zur Inbetriebnahme eines Computersystems, das Willenserklärungen erstellen kann, sei das Wissen des Betreibers nötig, mithin nur psychischer Zwang (der den Handlungswillen nicht ausschließt) vorstellbar. Doch kann bei einem entsprechend konfigurierten System schon das Einschalten des Rechners genügen, um die benötigte Software in Gang zu setzen[6]; dies ist sogar als unbewusste Handlung (z.B. im Schlaf) denkbar.

Erklärungsbewusstsein.

In der Regel wird jemand, der Erklärungen von einem Computer erstellen lässt, sich bewusst sein, dass diese von Dritten auch als Willenserklärungen verstanden werden dürfen (vgl. [Cord01, S. 55]). Der generelle Wille, Computererklärungen abzugeben, reicht nach h.M. aus – auch, wenn der Erklärende sich der einzelnen Erklärung nicht bewusst ist (vgl. [Mehr98, S. 31], [Uhlm03, S. 51]). [Borg03, S. 195] kritisiert diese Lösung als zu weite Auslegung des Begriffs des Erklärungsbewusstseins[7] und schlägt vor, statt dessen die Herrschaft über die Erklärungsherstellung als Kriterium heranzuziehen. Diese ist bei Computererklärungen wohl fast immer gegeben; somit kommt auch er zu dem Ergebnis, dass das Erklärungsbewusstsein i.d.R. bejaht werden kann.

Wenn es jedoch zunehmend einfacher wird, einen solchen Prozess in Gang zu setzen, erhöht sich die Wahrscheinlichkeit, dass auch beim scheinbar spielerischen Umgang mit dem Rechner eine Willenserklärung abgegeben wird, ohne dass der Erklärende sich dessen bewusst wird. Die Erklärung ist dennoch gültig, aber anfechtbar (s. Abschnitt 2.5).

Geschäftswille.

Problematisch erscheint zunächst der Geschäftswille. Dieser ist definiert als der Wille, eine *konkrete* Rechtsfolge herbeizuführen. Der Erklärende kennt nicht den genauen

[6] Auch dieser Fall ist natürlich konstruiert; wer einen anderen zwingen kann, einen Computer einzuschalten, könnte und würde diese Handlung wohl eher selbst ausführen.

[7] In der Quelle wird der Begriff „Erklärungswille" verwendet, der ein Synonym zum Erklärungsbewusstsein ist.

Inhalt seiner Erklärung, weil er dessen Bestimmung ja dem Computer überlassen hat; womöglich weiß er nicht einmal, ob bzw. wie viele Erklärungen letztendlich abgegeben werden (vgl. [Cord01, S. 58]). Rechtfertigen lässt sich die Annahme des Geschäftswillens allenfalls dadurch, dass der Erklärende die Grundsätze, nach denen die Erklärung erstellt wird, kennt oder zumindest kennen kann. Wenn die tatsächliche Kenntnis nicht vorliegt, ist diese Argumentation aber zumindest problematisch.

Dennoch geht [Cord01, S. 58] davon aus, dass bei Computererklärungen grundsätzlich ein Geschäftswille vorliegt. Begründet wird dies damit, dass derjenige, der Willenserklärungen automatisiert erstellen lasse, damit in aller Regel den Willen bekunde, sich diese Erklärungen auch zurechnen zu lassen (so [Cord01, S. 58]). Die Argumentation ist weitgehend analog zu der bezüglich des Erklärungswillens. Sie erscheint jedoch angreifbar. So stellt sich die Frage, wie denn der Wille zur Herbeiführung einer konkreten Rechtsfolge bestehen kann, wenn dem Erklärenden diese Rechtsfolge noch nicht einmal bekannt ist. Jedoch: Allein das Ergebnis, den Geschäftswillen anzunehmen, führt zu einer angemessenen Risikoverteilung; sonst wären die Erklärungen grundsätzlich anfechtbar, der Erklärende könnte sich somit gegen Ersatz des Vertrauensschadens wieder von ihnen lösen. Da er aber wesentlich von der automatisierten Erklärungserstellung profitiert, wäre ein solches Ergebnis nicht tragbar.

Unter welchen Voraussetzungen eine Anfechtungsmöglichkeit doch tragbar erscheinen könnte, soll der nächste Abschnitt klären.

3.1.4 Anfechtung

Die Voraussetzungen für die Anfechtung sind in den §§ 119 I/II (Anfechtbarkeit wegen Irrtums), 120 (Anfechtbarkeit wegen falscher Übermittlung) und 123 (Anfechtbarkeit wegen Täuschung oder Drohung) BGB geregelt.

Bei der Anfechtung wegen falscher Übermittlung ergeben sich keine Besonderheiten der Computererklärung: Ob eine Willenserklärung von einem Boten überbracht oder über ein Netzwerk übermittelt wird, ist belanglos. Im Übrigen kann die falsche Übermittlung von Daten[8] heute, nicht zuletzt durch die Verwendung digitaler Signaturen, praktisch ausgeschlossen werden. Nach wie vor denkbar ist aber die falsche Übermittlung durch Fehlinterpretation von Daten auf einem Zwischensystem[9].

Auch für die Anfechtung wegen Täuschung oder Drohung ist nicht relevant, ob und in welchem Umfang zur Erstellung der angefochtenen Willenserklärung ein Computer zum Einsatz kommt.

Deshalb wird im Rahmen dieser Arbeit ausführlich nur die Anfechtung wegen Irrtums betrachtet.

Irrtümer, die nach § 119 zur Anfechtung berechtigen, sind

[8]Daten beinhalten keine Semantik, sondern sind nur eine Ansammlung von Zeichen oder Symbolen.
[9]Ein Beispiel findet sich im Urteil des OLG Frankfurt vom 20.11.2002 [OLG 03].

- der Inhaltsirrtum (§ 119 I 1. Alternative), der vorliegt, wenn der Erklärende „bei der Abgabe der Willenserklärung über deren Inhalt im Irrtume war".
- der Erklärungsirrtum (§ 119 I 2. Alternative), der vorliegt, wenn der Erklärende „eine Erklärung dieses Inhalts überhaupt nicht abgeben wollte". Während beim Inhaltsirrtum die gewollte Erklärung abgegeben und nur über ihre Bedeutung geirrt wird, wird beim Erklärungsirrtum etwas anderes erklärt als beabsichtigt, z.B. durch einen Tippfehler.
- der Eigenschaftsirrtum (§ 119 II), d.h. der Irrtum über „solche Eigenschaften der Person oder der Sache, die im Verkehr als wesentlich angesehen werden".

Wenn ein anfechtbares Rechtsgeschäft rechtzeitig angefochten wird, so gilt es als von Anfang an nichtig (§ 142 I BGB). Der Anfechtende hat (bei Anfechtung nach §§ 119, 120) lediglich den Vertrauensschaden zu ersetzen, d.h. den Schaden, den ein Anderer dadurch erleidet, dass „er auf die Gültigkeit der Erklärung vertraut", jedoch nicht über das Erfüllungsinteresse hinaus (§ 122 I BGB). Dies gilt nicht, wenn der Andere die Anfechtbarkeit kannte oder kennen musste (§ 122 II BGB).

Es stellt sich nun die Frage, ob und in welchen Fällen eine Computererklärung angefochten werden kann. Grundsätzlich ist eine solche Anfechtung denkbar [Mehr98, S. 32]. Zu beachten ist jedoch, dass ein Motiv- oder Kalkulationsirrtum als Irrtum bei der Willensbildung nicht zur Anfechtung berechtigt, es sei denn, es handelt sich um einen Eigenschaftsirrtum (vgl. Holzbach/Süßenberger in [MoDr02, Teil C, Rz. 106]). Solange der Computer nur zur Textverarbeitung eingesetzt wird (und damit keine Computererklärung vorliegt), berechtigen dabei auftretende Tippfehler als Erklärungsirrtum zur Anfechtung.

Wenn der Fehler jedoch in der Phase der Erklärungsvorbereitung passiert, wie das bei Computererklärungen meist der Fall sein wird, handelt es sich um einen Motivirrtum: Die menschliche Willensbildung ist sozusagen teilweise dem Computer übertragen. Es lässt sich einwenden, eine Willenserklärung müsse stets auf den menschlichen Willen zurückzuführen sein. Nun kann einerseits der Fall vorliegen, dass die letztendlich abgegebene Erklärung zum Zeitpunkt der Abgabe vom menschlichen Willen noch gedeckt ist (z.B. weil sie dem Menschen zu diesem Zeitpunkt noch plausibel erscheint) und sich im Nachhinein ein Irrtum herausstellt. Hier ist kein Unterschied zum klassischen Motivirrtum vorhanden. Andererseits kann jedoch der Computer auch eine fehlerhafte Erklärung erstellen, die in ihrer konkreten Form zu keinem Zeitpunkt vom Willen des menschlichen Benutzers gedeckt war. Wie im Abschnitt über den Geschäftswillen (S. 27) ausgeführt, wäre eine Anfechtungsmöglichkeit grundsätzlich auch in diesen Fällen nicht tragbar, da sie zu einer unangemessenen Risikoverteilung führen würde; der Wille des Erklärenden, den Computer für die Erstellung von Willenserklärungen einzusetzen, reicht aus. Das gilt auch, wenn die der Entscheidung des Computers zugrunde liegenden Daten falsch oder veraltet waren [Mehr98, S. 32].

Ausnahmsweise kann sich eine andere Situation ergeben, wenn fehlerhafte Daten auf den Erklärungsempfänger zurückgeführt werden können oder dieser gar die Erklärungserstellung bewusst manipuliert hat; dies führt zur Anfechtbarkeit nach § 119 BGB (Erklärungs-, Inhalts-, Eigenschaftsirrtum) oder § 123 I BGB (arglistige Täuschung) (s. Holzbach/Süßenberger in [MoDr02, Teil C, Rz. 107]).

Auch für den „klassischen" Inhaltsirrtum nach § 119 I BGB ist bei der Computererklärung noch Platz, wenn z.B. auf beiden Seiten Computer eingesetzt werden und Absender und Empfänger unterschiedliche Datenformate[10] oder Einheiten benutzen. So könnte aus dem amerikanischen Raum stammende Software als Masseneinheit standardmäßig das amerikanische Pfund benutzen, während ein Deutscher bei fehlender Einheit eher von Kilogramm ausgehen würde. Der Erklärende hätte dann völlig korrekt kalkuliert, aber eine Erklärung anderen Inhalts abgegeben als beabsichtigt. Ein ähnliches Problem tritt auf, wenn zwei Programme Elementnamen in einem XML-Schema oder Konzepte in Ontologien unterschiedlich interpretieren.

Der Einsatz von Computern, die keine eigene Lebenserfahrung haben, kann schließlich auch zu fehlerhaften Willenserklärungen führen, die einem geistig gesunden Menschen trotz möglicher Rechenfehler nicht unterlaufen würden. Insbesondere wenn auf Seiten des Erklärenden und des Erklärungsempfängers Computer eingesetzt werden, besteht die Gefahr, dass auch Erklärungen, die von einem Menschen sofort als unplausibel erkannt werden würden, akzeptiert werden und zur tatsächlichen Erfüllung führen. Die Interessenlage ist hier anders als beim typischen Motivirrtum: Der Inhalt der Erklärung weicht nicht nur von dem ab, was vom Willen des Menschen noch gedeckt wäre; diese Abweichung könnte vom Vertragspartner auch erkannt werden[11]. Nun wäre es denkbar, in solchen Fällen eine Anfechtung ausnahmsweise doch zuzulassen. Eher scheint jedoch eine Korrektur im Wege der Auslegung (nach §157 BGB) geboten. Diese käme wohl nur in extremen Fällen zum Tragen; ansonsten bleibt es beim oben zum Motivirrtum Gesagten.

3.2 Wirksamwerden von Willenserklärungen beim Einsatz von Agenten

3.2.1 Allgemeines

Wann eine Erklärung einem Dritten gegenüber wirksam wird, spielt eine Rolle, wenn die Wirksamkeit eines Vertragsschlusses zu prüfen ist, oder wenn eine Frist bis zur Abgabe der Erklärung einzuhalten ist (z.B. eine Kündigungsfrist).

Stets ist für das Wirksamwerden einer Willenserklärung deren *Abgabe* nötig. Unter Abwesenden werden empfangsbedürftige Willenserklärungen nach § 130 I S. 1 BGB zum

[10] In diesem Fall ist es jedoch unwahrscheinlich, dass die Erklärung überhaupt verarbeitet werden kann.

[11] Auch maschinelle Plausibilitätsprüfungen sind möglich.

Zeitpunkt des *Zugangs* wirksam; der Zugang ist hier also zusätzliche Wirksamkeitsvoraussetzung.

Ist der Erklärungsempfänger anwesend, werden sie hingegen sofort (mit Vernehmen durch den Empfänger) wirksam. Aus § 147 I S. 2 BGB ergibt sich, dass fernmündliche Kommunikation der Kommunikation unter Anwesenden gleichgestellt ist.

Eine Erklärung geht nach h.M. dann zu, wenn sie so in den Machtbereich des Empfängers gelangt, dass er unter normalen Umständen die Möglichkeit zur Kenntnisnahme hat (vgl. [Brox01, Rn. 152], Jauernig in [Jaue99, § 130 Rn. 4]). Zum Machtbereich des Empfängers zählt z.B. sein Briefkasten oder auch der von ihm genutzte Posteingangsserver[12].

3.2.2 Zugang an Agenten?

Kann nun eine Erklärung, die an einen Agenten verschickt wird, dem Benutzer des Agenten gegenüber überhaupt wirksam werden? Dies ist grundsätzlich zu bejahen. Es kann zwar nicht davon ausgegangen werden, dass der Agent für seinen Benutzer Kenntnis nimmt – dies würde ein Verstehen der Information voraussetzen. Wenn der Empfänger einen Agenten betreibt, um von diesem Erklärungen verarbeiten zu lassen, verzichtet er aber damit i.d.R. gerade auf die Möglichkeit der Kenntnisnahme [Wieb02, S. 407] – ein System, dessen sämtliche Kommunikation erst durch einen Menschen überprüft wird, wäre nicht mehr autonom und folglich kein Agent mehr.

Das kann jedoch nur gelten, soweit zumindest nach außen der Anschein besteht, dass der Agent wirklich zur Verarbeitung der konkreten Willenserklärung bestimmt ist: Der Verzicht auf die Möglichkeit der Kenntnisnahme wird sich in aller Regel nicht auf alle denkbaren Willenserklärungen erstrecken. Eine Vertragskündigung, die an einen nur für Warenverkauf bestimmten Agenten gerichtet ist, geht demnach dessen Benutzer nicht zu, es sei denn, dieser ist in der Lage, die Erklärung weiterzuleiten.

Kommunikation unter An- oder Abwesenden?

Nun stellt sich die Frage, wann eine an einen Agenten verschickte Willenserklärung wirksam wird. Dies hängt davon ab, ob der Benutzer des Agenten dem Absender gegenüber als an- oder abwesend gilt. Zur Entscheidung, ob eine Kommunikation unter Anwesenden oder unter Abwesenden stattfindet, können nicht nur räumliche Kriterien herangezogen werden [Wieb02, S. 398]. Entscheidend ist vielmehr die Interaktivität der Kommunikation; ist unmittelbarer *Austausch* von Informationen möglich, so

[12] Der Nutzer betreibt diesen Server entweder selbst, oder er hat den Provider ausgewählt, der ihm diesen zur Verfügung stellt und steht mit diesem in einer Vertragsbeziehung – Holzbach/Süßenberger (in [MoDr02, Teil C, Rz. 166 f.]) rechnen den Posteingangsserver dennoch nicht zum Empfangsbereich, wohl aber zur Risikosphäre seines Nutzers. Eine ausführliche Diskussion dieser Fragestellung ist aber nicht Gegenstand der vorliegenden Arbeit.

handelt es sich um eine Kommunikation unter Anwesenden, sonst unter Abwesenden [GiRo03, S. 66]

Gitter und Roßnagel kommen in [GiRo03, S. 66 f.] zu dem Ergebnis, beim Einsatz von Agenten würden Willenserklärungen unter Abwesenden übermittelt, weil eine unmittelbare Nachfragemöglichkeit fehle; selbst, wenn die Agenten zu Nachfragen fähig seien, könne man dies nicht mit zwischenmenschlicher Kommunikation vergleichen. Die Willenserklärungen würden folglich erst mit Zugang wirksam.

Dieses Ergebnis erscheint auch sachgerecht. Zwar können Agenten durchaus auch komplexe Verhandlungen mit mehreren Iterationsstufen führen; es sind sogar sehr viel mehr Nachfragen, Vorschläge und Gegenvorschläge möglich als bei direkten Verhandlungen zwischen Menschen, da eine Erklärung sehr viel schneller ausgewertet werden kann. In einem solchen Dialog ist jedoch nur ein begrenztes Vokabular möglich, so dass der Rahmen für den Inhalt der Nachfragen schon im Vorhinein festgelegt ist.

Schließlich ist nach heutigem Stand ein Agent nur Werkzeug eines Menschen. Stimmt man der Auffassung zu, dass die Herrschaft über die Erklärungserstellung Grundlage für die Zurechnung einer Computererklärung ist, so wird man dies auch beim Empfangen einer Erklärung ähnlich handhaben müssen. Eine Erklärung unter Abwesenden muss zum Wirksamwerden in den Machtbereich des Empfängers gelangen. In der Regel wird der Agent zu diesem Machtbereich zählen.

Praktische Relevanz der Differenzierung

Die Differenzierung zwischen Erklärungen unter An- bzw. Abwesenden wird im Bereich der Softwareagenten jedoch nur selten eine Rolle spielen (vgl. [Corn02, S. 356 f.]). Zwischen Abgabe und Zugang liegen i.d.R. allenfalls wenige Sekunden (der Behauptung in [Corn02, S. 356], die Zeitdifferenz sei kaum messbar, kann gleichwohl nicht gefolgt werden). Die Möglichkeit, eine Erklärung unter Abwesenden nach § 130 I S. 2 BGB zu widerrufen, die den gleichzeitigen oder früheren Zugang des Widerrufs erfordert, dürfte ebenfalls nur selten greifen: Zwar ist die reihenfolgetreue Auslieferung von Nachrichten nicht garantiert[13]. Praktisch wird die „Verspätung" einer Nachricht aber kaum jemals so groß werden, dass sich in der Zwischenzeit ein Grund zum Widerruf ergeben könnte.

Weiterhin könnte die Differenzierung noch bei der Regelung des § 147 BGB bezüglich des Vertragsschlusses bedeutsam werden. Ein Vertrag kommt mit Wirksamwerden zweier inhaltlich übereinstimmender, aufeinander bezogener Willenserklärungen (Angebot bzw. Antrag und Annahme) zustande [Brox01, Rn. 76]. Nach § 147 I kann ein Angebot, das unter Anwesenden gemacht wurde, nur sofort angenommen werden; ein Angebot an einen Abwesenden kann nach § 147 II bis zu dem Zeitpunkt angenommen werden, an dem unter normalen Umständen mit Eingang der Antwort zu rechnen ist.

[13] Die Auslieferung von ACL-Nachrichten in der falschen Reihenfolge ist dem Autor durchaus auch schon in der Praxis unterlaufen.

Nach [Corn02, S. 357] ist der Unterschied zwischen beiden Fällen beim Einsatz von Softwareagenten nicht relevant, da die Zeit für die Verarbeitung eines Angebots nahe bei Null liege, der Antragende also auch unter Abwesenden sofort mit einer Antwort rechnen könne. Für den Regelfall einfacher Geschäfte ist dem zuzustimmen. Wenn jedoch erst systeminterne Rückfragen oder komplexe Kalkulationen nötig sind und der Absender des Angebots damit rechnen musste, so könnte es für eine Annahme unter Anwesenden bereits zu spät sein, während die Annahme unter Abwesenden noch möglich wäre. Der Unterschied zwischen der spätestmöglichen Annahme eines Angebots unter An- und Abwesenden liegt also in der zu erwartenden Verarbeitungszeit.

Diese Zeit ist dem Empfänger des Antrags wohl zuzubilligen; somit scheint es sachgerecht zu sein, Agentenkommunikation als Kommunikation unter Abwesenden einzuordnen.

Praktisch kann der Problematik auch durch die Bestimmung einer Annahmefrist (§ 148 BGB) aus dem Weg gegangen werden; in einer ACL-Nachricht ist hierfür das Feld „reply-by" vorgesehen.

3.3 Agenten als Rechtssubjekte?

Es stellt sich nun die Frage, ob die für die Gültigkeit von Computererklärungen erarbeiteten Grundsätze ohne weiteres auf Agenten übertragen werden können. Zwar sind Agenten Computerprogramme, doch sind sie laut Definition auch *autonom*. Dies könnte zu einer anderen Einordnung führen.

Zunächst soll an dieser Stelle geklärt werden, ob es denkbar wäre, Agenten als Rechtssubjekte einzuordnen. Rechtssubjekt ist, wer in der Lage ist, Träger von Rechten und Pflichten zu sein. Im deutschen Recht sind dies natürliche und juristische Personen (Jauernig in [Jaue99, vor § 90, Rn. 1]). Dass ein Softwareagent keine natürliche Person ist, ist offensichtlich. Wenn die „Willensbildung" eines Agenten aber mit der eines Menschen vergleichbar wäre, so könnte es angemessen sein, einen Agenten anders als ein Werkzeug zu behandeln. Auch wenn dies nicht der Fall ist, könnten Parallelen zur juristischen Person vorhanden sein.

In der Literatur werden mögliche Beweggründe, Agenten als Personen zu behandeln, in drei Gruppen eingeteilt[14]: Moralischer Anspruch, Anknüpfung an soziale Wirklichkeit und einfachere rechtliche Handhabung. Während die ersten beiden Parallelen zur natürlichen Person herstellen, entspricht die Argumentation der dritten Gruppe eher den Gründen für die Existenz juristischer Personen.

[14] Aus [AlWi96, S. 35], allgemein auf Künstliche Intelligenz bezogen; [Kerr00, S. 24] und [Weit01] haben diese Einteilung übernommen.

3.3.1 Parallelen zur natürlichen Person

Einen moralischen Anspruch auf Rechte einer natürlichen Person könnten Entitäten haben, die mit Menschen gewisse Eigenschaften teilen. So argumentiert Solum [Solu92, S. 1286], wenn eine künstliche Intelligenz sich „richtig" verhalte und die diesem Verhalten zugrundeliegenden Denkprozesse denen des Menschen ähnlich seien, wäre dies ein guter Grund, sie auch als Person zu behandeln. [AlWi96, S. 35] widerspricht dem mit dem Argument, weder sei bekannt, ob ein Computer Selbstbewusstsein erlangen könne, noch sei klar, ob Selbstbewusstsein für einen moralischen Anspruch auf Behandlung als Person ausreiche. Schweighofer [Schw01b, S. 50 f.] schlägt vor, als „künstlichen Menschen" mit einer an natürliche Personen angenäherten Rechtsposition autonome Agenten zu behandeln, die ihre „Handlungen und Verhaltensweisen aus Gründen selbst bestimmen" können. Einig sind sich die Autoren jedoch, dass nach dem derzeitigen Stand der Technik noch kein moralischer Grund besteht, Agenten als Personen zu behandeln.

[Kerr00, S. 25] verknüpft in gewisser Weise das moralische Argument mit dem Sozialverhalten eines Agenten, indem er auf Turing [Turi50] verweist: Dieser betrachtet die Frage, ob Maschinen denken können, als bedeutungslos und schlägt vor, stattdessen nur das durch Menschen wahrnehmbare Verhalten zu betrachten (sog. Turing-Test).

Nun können Agenten auch heute nicht in einem Dialog erfolgreich den Eindruck vermitteln, sie seien ein Mensch oder könnten wie ein solcher denken. Nach [Kerr00, S. 25] kommt es aber ohnehin eher darauf an, ob das Verhalten eines Agenten dem einer Person ähnelt, die sich bewusst ist, dass ihre Handlungen zum Abschluss eines Vertrages führen können. Ausschlaggebend kann dabei nicht die Betrachtung einzelner Entscheidungen in einem klar abgesteckten Rahmen sein; um den Kaufentscheidungen eines Menschen beim Online-Buchhändler nahe zu kommen, benötigt man wohl nicht einmal einen besonders ausgefeilten Agenten. Doch selbst, wenn das Verhalten in einer Vielzahl von Entscheidungssituationen betrachtet wird, sagt das noch nichts darüber aus, ob einem Agenten (Selbst-)Bewusstsein zugeschrieben werden kann. Die Ähnlichkeit seiner Entscheidungen zu denen von Menschen kann also kein moralisches Argument sein, einem Agenten eine Rechtspersönlichkeit zuzusprechen. Auch kann nicht behauptet werden, dies spiegle die soziale Wirklichkeit wider; Agenten können derzeit nicht wie ein Mensch handeln. Es ist auch nicht absehbar, dass sich dies in naher Zukunft ändern wird.

3.3.2 Agenten als juristische Personen?

Die Rechtsfigur der juristischen Person erlaubt es, einen „selbständigen juristischen Zuordnungspunkt für Rechte und Pflichten zu schaffen, die nicht einer natürlichen Person zugeordnet sind" [Rüth93, Rn. 154]. Im deutschen Recht sind z.B. eingetragener Verein (§ 21 BGB), GmbH (§ 13 I GmbhG) und Aktiengesellschaft (§ 1 I AktG) juristische

Personen des privaten Rechts. Typisch handelt es sich dabei um Zusammenschlüsse von Personen; das ist jedoch kein konstitutives Merkmal. Eine GmbH kann auch nur einen einzigen Gesellschafter haben.

Aus ökonomischer Sicht verringern juristische Personen Transaktionskosten; nicht alle an einem Unternehmen Beteiligten müssen untereinander Verträge schließen, sondern diese können mit der juristischen Person geschlossen werden (vgl. [MiRo92, S. 20]). Dadurch, dass die Gesellschafter z.B. einer GmbH i.d.R. nicht persönlich haften, d.h. eine geänderte Risikoverteilung möglich wird, werden zudem Transaktionen ermöglicht, die zwischen natürlichen Personen nicht stattfinden würden.

In [Karn94] schlägt Karnow vor, auch intelligente Agenten[15] ähnlich juristischen Personen mit eigenen Rechten und Pflichten zu behandeln.

Als wesentlichen Vorteil führt Karnow an, man könne auf diese Weise besseren Datenschutz erreichen: Ein Agent, der selbständig Vertragspartner kann, braucht keine Informationen über seinen Besitzer preiszugeben. Das setzt nach [Karn94, S. 12] grundlegende „Rechte" des Agenten voraus, nämlich

- Schutz vor Ausspionieren seiner Daten
- die Möglichkeit, diskriminierungsfrei wirtschaftlich zu handeln (also auch eigenes Vermögen zu besitzen)
- Kommunikationsfreiheit

Dem möglichen Einwand, eine einzelne natürliche Person könne durch Schaffung zahlreicher rechtlich selbständiger, aber nur kurze Zeit bestehender Entitäten ein erhebliches Ausmaß an Unsicherheit im Rechtsverkehr schaffen, begegnet er auf zweierlei Arten: Einerseits habe das Recht schon bisher Instrumente geschaffen, um den Missbrauch juristischer Personen zu verhindern. Hier seien die einzuhaltenden Formalitäten bei Begründung einer juristischen Person und die Durchgriffshaftung bei Missbrauch zu nennen; beide könnten auch auf Agenten übertragen werden. Andererseits sei aber in der Tat eine gewisse Dauerhaftigkeit der Existenz sowie eine sichere Identifikation vonnöten; dies könne aber erreicht werden.

Man mag Karnow zustimmen, dass die technischen Probleme, die mit seinem Vorschlag einher gehen, gelöst werden können. Überdies bestünde der Vorteil einer möglichen Haftungsbeschränkung; das Risiko, für die Erklärungen eines fehlerhaft handelnden Agenten einstehen zu müssen, wäre reduziert. Und auch die Frage, inwieweit Agenten zu einer eigenen Willensbildung in der Lage sind, könnte dahinstehen, denn die heute existierenden juristischen Personen sind noch nicht einmal zu eigenen Handlungen fähig (sie handeln nur durch ihre Organe).

Doch stellt sich die Frage, ob der erforderliche bürokratische und technische Aufwand, der für die Schaffung einer neuen Art juristischer Person nötig wäre, durch den mög-

[15] In dem Artikel wird der Begriff „eper" als Abkürzung für „electronic persona" verwendet, der jedoch mit dem in dieser Arbeit verwendeten Begriff der intelligenten Agenten zusammenfällt; [Karn94, S. 9] zieht den Vergleich mit intelligenten Agenten sogar selbst.

lichen Vorteil an Datenschutz und Haftungsbegrenzung gerechtfertigt werden kann. Insbesondere muss bedacht werden, ob es sinnvoll sein kann, einen Agenten mit eigenem Vermögen auszustatten, das der Verfügungsgewalt seines Besitzers zunächst entzogen ist. Da das Argument des Datenschutzes ohnehin nur dann greifen kann, wenn mit abgeschlossenen Geschäften keine physische Lieferung verbunden ist, und durchaus auch Ansätze zur anonymen Bezahlung über Datennetze existieren, die kein Zwischenschalten eines Agenten im Sinne dieser Arbeit erfordern, erscheint diese Begründung eher zweifelhaft.

Zwar ließe sich argumentieren, diese Entscheidung solle dem einzelnen Agentenbenutzer überlassen werden, dem zumindest die Möglichkeit eingeräumt werden solle, sich für die Schaffung einer solchen juristischen Person zu entscheiden. Entscheidend ist aber, ob der Nutzen, der sich für den Geschäftsverkehr insgesamt ergibt, die verursachten Kosten übersteigt. Davon ist jedoch nicht auszugehen, wenn (wie im Falle des Datenschutzes) alternative Lösungsansätze verfügbar sind.

Somit bliebe als Vorteil noch die Möglichkeit, die Haftung für Geschäfte des Agenten auf dessen eigenes Vermögen zu beschränken. Das damit verbundene Risiko für die Vertragspartner darf nur dann in Kauf genommen werden, wenn eine entsprechende Transparenz bezüglich der Vermögensverhältnisse des Agenten besteht. Im Rahmen dieser Arbeit soll ein Weg gefunden werden, der das Risiko des Agentenbesitzers minimiert, ohne darauf angewiesen zu sein, dass der Agent juristische Person ist.

3.3.3 Fazit

Insgesamt sind Softwareagenten also nach deutschem Recht nicht anders einzuordnen, als dies bei anderen Computerprogrammen der Fall ist. Es besteht auch jetzt und in näherer Zukunft kein Anlass, etwas an dieser Rechtslage zu ändern.

3.4 Übereinstimmung von Willenserklärungen

Ein Vertrag kommt durch Abgabe und Wirksamwerden zweier aufeinander bezogener, inhaltlich übereinstimmender Willenserklärungen zustande [Brox01, Rn. 76].

Schon bei Abgabe der Willenserklärungen durch Menschen ist nicht immer eindeutig zu klären, ob diese übereinstimmen oder nicht; stimmen sie nicht überein, so spricht man vom (offenen oder versteckten) *Dissens*; geregelt ist er in § 154 bzw. § 155 BGB.

Wie kann nun ein Agent sicher erkennen, ob ein von ihm abgegebenes Angebot und die Annahmeerklärung eines anderen Agenten inhaltlich übereinstimmen? Der einfachste Fall ist die exakte Übereinstimmung. Wenn der elektronischen Form nach § 126a II BGB genüge getan werden soll, ist ein entsprechendes Verfahren vorgesehen: Beide Parteien signieren ein gleichlautendes Dokument.

Ist dies nicht nötig, so kann stattdessen eine gemeinsame Ontologie (vgl. Abschnitt 2.3) vereinbart werden. Auch ohne gemeinsame Ontologie lassen sich einfache Ersetzungen in einem Ausdruck vornehmen, bis dieser mit einem anderen übereinstimmt (oder feststeht, dass er das nicht tut).

Einfacher ist jedoch die Verwendung von Sprechakttypen mit fest definierter Semantik im Rahmen einer Konversation. Durch Verwendung der *reply-with-* und *in-reply-to-*Felder von ACL-Nachrichten kann festgestellt werden, auf welche Nachricht sich eine Antwort bezieht. Wird auf eine Nachricht vom Typ *Propose* mit einer *Accept-proposal-*Nachricht geantwortet, so kann von einer Annahme des Angebots ausgegangen werden. Problematisch wird es, wenn Inhalt der Nachricht und deklariertes Performativ im Widerspruch zueinander stehen. Die Auslegung muss dann im Einzelfall ergeben, ob der eigentliche Nachrichteninhalt oder das *performative*-Feld heranzuziehen ist.

3.5 Agentenverträge und Fernabsatzrecht

3.5.1 Grundlagen des Fernabsatzrechts

Fernabsatzverträge sind Verträge zwischen Unternehmern (§ 14 BGB) und Verbrauchern (§ 13 BGB), die Warenlieferungen oder das Erbringen von Dienstleistungen zum Gegenstand haben, zu deren Abschluss ausschließlich Fernkommunikationsmittel eingesetzt werden; dies gilt jedoch nur, soweit das Vertriebssystem des Anbieters auch auf den Fernabsatz ausgelegt ist (§ 312b I BGB). § 312b III BGB schließt die Anwendung des Fernabsatzgesetzes für gewisse Verträge aus; dies betrifft insbesondere (aber nicht nur) Bereiche, in denen andere, spezifische Regelungen gelten [Schm03, S. 387].

Die Einordnung als Fernabsatzvertrag hat im Wesentlichen zwei Konsequenzen: Erstens hat der Unternehmer dem Verbraucher gegenüber gewisse Informationspflichten, und zweitens steht dem Verbraucher i.d.R. ein Widerrufsrecht zu.

3.5.2 Informationspflichten

Bereits rechtzeitig vor Vertragsabschluß muss der Unternehmer den Verbraucher über den geschäftlichen Zweck des Vertrags sowie über die Einzelheiten des Vertrags nach § 1 I BGB-Informationspflichten-Verordnung (BGB-InfoV) unterrichten (§ 312c I BGB). Zu diesen Einzelheiten zählen u.a. die Identität und Anschrift des Unternehmers, Preis und wesentliche Eigenschaften der Ware sowie das Bestehen eines Widerrufs- oder Rückgaberechts. Die geforderten Informationen müssen klar und verständlich sein (§ 312c I BGB).

Bis spätestens zur Erfüllung des Vertrags (bei Waren spätestens bis zur Lieferung) sind diese Informationen dem Verbraucher dann auch in Textform mitzuteilen (§ 312c II BGB iVm § 1 II BGB-InfoV); hinzu kommen weitere Informationspflichten nach § 1 III

BGB-InfoV. Demnach müssen i.W. Einzelheiten zum Widerrufs- bzw. Rückgaberecht, Gewährleistungs- und Garantiebedingungen, Kündigungsbedingungen bei für längere Zeit abgeschlossenen Dauerschuldverhältnissen sowie eine Adresse für mögliche Beanstandungen in Textform, hervorgehoben und deutlich gestaltet mitgeteilt werden.

Die Textform, auf die hier Bezug genommen wird, ist in § 126b BGB definiert. Wesentliche Merkmale sind die Möglichkeit der dauerhaften Wiedergabe, die Nennung des Namens des Erklärenden und ein deutlicher Abschluss der Erklärung. Auch E-Mails und sonstige elektronisch übermittelte Erklärungen erfüllen die Textform, solange sichergestellt ist, dass sie am Bildschirm gelesen werden und dauerhaft konserviert werden können (Wendtland in [BaRo03, § 126b Rn. 5]).

3.5.3 Widerrufs- und Rückgaberecht

§ 312d I BGB gibt bei Fernabsatzverträgen dem Verbraucher ein Widerrufsrecht (§ 355 BGB); der Unternehmer kann stattdessen bei Warenlieferungen auch ein Rückgaberecht (§ 356 BGB) einräumen. Auch von dieser Bestimmung gibt es diverse Ausnahmen für Gebiete, in denen das Widerrufsrecht wirtschaftlich nicht sinnvoll wäre, z.B. bei Waren, die nach Kundenspezifikation angefertigt werden oder bei Versteigerungen (§ 312d IV BGB).

Der Unterschied zwischen Widerrufs- und Rückgaberecht liegt darin, dass das Rückgaberecht durch Rücksendung der Ware ausgeübt wird (§ 356 II BGB); beim Widerrufsrecht ist dies zwar auch möglich, alternativ reicht aber schon eine Widerrufserklärung an den Unternehmer in Textform aus (§ 355 I BGB).

Die Frist für den Widerruf (und über § 356 II BGB auch für die Rückgabe) beträgt zwei Wochen; die rechtzeitige Absendung genügt (§ 355 I BGB). Die Widerrufsfrist beginnt nach § 312d II BGB nicht vor Erfüllung der Informationspflichten des § 312 c II BGB und bei Waren nicht vor der Lieferung. Gemäß § 355 II S. 2 BGB verlängert sich die Frist auf einen Monat, falls die Belehrung über den Widerruf erst nach Vertragsschluss erfolgt. Spätestens 6 Monate nach Vertragsschluss (bei Waren: ab Eingang der Waren beim Verbraucher) erlischt das Widerrufsrecht, es sei denn, es hat keine ordnungsgemäße Belehrung über das Widerrufsrecht stattgefunden (§ 355 III BGB).

Abweichende Bestimmungen und Umgehungen dieser Regelungen zu Lasten des Verbrauchers sind nach § 312f BGB unwirksam.

3.5.4 Verträge im elektronischen Geschäftsverkehr

Um zu verstehen, wann die Regelungen des § 312e BGB („Pflichten im elektronischen Geschäftsverkehr") zur Anwendung kommen, bedarf es zunächst der Klärung, was ein Teledienst bzw. Mediendienst ist. Teledienste sind definiert als „elektronische Informations- und Kommunikationsdienste, die für eine *individuelle* Nutzung von kombinierbaren Daten wie Zeichen, Bilder oder Töne bestimmt sind und denen eine Übermittlung mittels Telekommunikation zugrunde liegt" (§ 2 I Teledienstegesetz (TDG)); hierunter fallen z.B. alle Homepages im World Wide Web (WWW), sofern sie keine Mediendienste sind. Mediendienste wiederum sind *an die Allgemeinheit gerichtete* Informations- und Kommunikationsdienste (§ 2 I S.1 Mediendienste-Staatsvertrag (MdStV)).

Ein Unternehmer, der sich zum Abschluss eines Vertrages über eine Warenlieferung oder das Erbringen einer Dienstleistung eines Tele- oder Mediendienstes bedient, hat für eine Möglichkeit der Korrektur von Eingabefehlern zu sorgen, den Zugang einer Bestellung auf elektronischem Wege zu bestätigen und dem Kunden zu ermöglichen, die Vertragsbestimmungen bei Vertragsschluss abzurufen und dauerhaft zu speichern (§ 312e BGB). Zusätzlich hat er nach § 312e BGB iVm § 3 BGB-InfoV weitere Informationen u.a. betreffend Speicherung des Vertrages, technische Schritte, die zum Vertragsschluss führen und Verhaltenskodizes, denen er sich unterwirft, bereitzustellen.

Mit Ausnahme der Zugriffsmöglichkeit auf die Vertragsbestimmungen sind diese Regelungen bei Verträgen mit Verbrauchern zwingend, sonst dispositiv (§ 312e II S. 2 BGB). Außerdem gelten sie (mit der gleichen Ausnahme) nicht, wenn Verträge ausschließlich durch individuelle Kommunikation geschlossen werden (§ 312e II S. 1 BGB).

§ 312e I S. 2 BGB konstituiert außerdem eine unwiderlegbare Vermutung des Zugangs von Willenserklärungen im elektronischen Geschäftsverkehr, die Verbrauchern gegenüber ebenfalls nicht abdingbar ist; sie entspricht dem Zugangsbegriff aus der Literatur mit dem Unterschied, dass bereits die Möglichkeit der Kenntnisnahme ausreicht, auch, wenn mit der tatsächlichen Kenntnisnahme nach der Verkehrsanschauung nicht zu rechnen ist (Masuch in [BaRo03, § 312e Rn. 28]).

3.5.5 Weitere Informationspflichten

Neben den sich aus dem BGB ergebenden Informationspflichten bestimmen § 6 MdStV für Mediendienste und insbesondere § 6 TDG für geschäftsmäßige Teledienste weitere Informationspflichten; im Fall des § 6 TDG geht dies bis hin zur Umsatzsteuer-Identifikationsnummer des Anbieters. Die Absicht, Verträge abzuschließen, ist hierfür keine Voraussetzung.

3.5.6 Informationspflichten beim Einsatz von Agenten

Da der Unternehmer erhebliche Risiken eingeht, wenn er die im Fernabsatzrecht vorgesehenen Informationspflichten nicht erfüllt (möglicher Widerruf durch einen Verbraucher noch nach Jahren), ist die Frage, wie diese im Umgang mit Softwareagenten erfüllt werden können, äußerst relevant. Noch werden Agenten eher selten durch Verbraucher eingesetzt, doch könnte sich dies rasch ändern.

Da Agenten ihren Benutzer aber gerade davon entlasten sollen, umfangreiche Informationen zu begutachten, stellt sich die Frage, welche Informationspflichten in diesem Fall überhaupt noch sinnvoll sind, und an wen die Informationen übermittelt werden sollen. [GiRo03, S. 68 f.] differenziert hierbei nach Vorab- und nachträglicher Information.

Zunächst ist zu klären, ob Agentenverträge als Verträge im elektronischen Geschäftsverkehr zu behandeln sind; dies wäre zunächst der Fall, wenn der Anbieter sich eines Tele- oder Mediendienstes bediente. Sofern der Vertrag eine Warenlieferung oder das Erbringen einer Dienstleistung beinhaltet, ist dies zu bejahen: Nach §2 II Nr. 5 TDG handelt es sich beim Angebot „von Waren und Dienstleistungen in elektronisch abrufbaren Datenbanken mit interaktivem Zugriff und unmittelbarer Bestellmöglichkeit" nämlich um einen Teledienst. Ob der Agent des Kunden auch als Teledienst zu behandeln ist, kann an dieser Stelle dahinstehen. Jedoch könnte §312e II S. 1 zutreffen; demnach bliebe, so ein Vertrag durch individuelle Kommunikation geschlossen wird, neben der Zugangsvermutung des §312e I S. 2 lediglich die Pflicht bestehen, die Allgemeinen Geschäftsbedingungen abrufbar zu halten und dem Kunden die Möglichkeit zu deren dauerhafter Speicherung zu geben.

Wenn nun auf beiden Seiten Agenten eingesetzt werden, so könnte diese Ausnahme greifen. Die Frage ist nun, wie die „individuelle Kommunikation" zu verstehen ist.

Da § 312e BGB der Umsetzung der europäischen E-Commerce-Richtlinie [Ecom00] dient, ist er im Zweifel richtlinienkonform auszulegen. Die Artikel 10 IV und 11 III der Richtlinie, die die Ausnahme für individuelle Kommunikation regeln, helfen jedoch nicht weiter; die Ausnahme bezieht sich demnach auf Verträge, die „ausschließlich durch den Austausch von elektronischer Post oder durch damit vergleichbare individuelle Kommunikation geschlossen werden." Nach welchen Kriterien die Vergleichbarkeit festgestellt werden kann, geht daraus jedoch nicht hervor. Der Regierungsentwurf zur Schuldrechtsmodernisierung nennt allerdings in seiner Begründung [RegE01, S. 172] als Abgrenzung, dass sich individuelle Kommunikation nicht an eine „unbegrenzte Zahl nicht individualisierter potenzieller Kunden" richtet. Nach diesem Kriterium können Agenten durchaus individuell kommunizieren; ob sie es tatsächlich tun, kann nur im Einzelfall entschieden werden.

Vorabinformation

Wenn ein Agent den Vertragsschluss autonom durchführt, so ist eine Vorabinformation des Nutzers schwer möglich. Manche der Informationen sind beim Einsatz von Agenten auch nicht sinnvoll, so die Verpflichtung nach §312e I S. 1 Nr. 2 BGB iVm §3 Nr. 1 und 4 BGB-InfoV, die Sprachen, in denen ein Vertrag geschlossen werden kann, oder die einzelnen technischen Schritte, die zum Vertragsschluss führen, anzugeben (vgl. [GiRo03, S. 68]). Zwar handelt es sich auch bei diesen Verpflichtungen um zwingendes Recht, von dem auch mit Zustimmung beider Vertragspartner nicht abgewichen werden darf. Jedoch ist der Zweck der Normen ohnehin als erfüllt anzusehen, wenn der Verbraucher einen Agenten zur Überwindung der technischen und sprachlichen Barrieren einsetzt, die zu überwinden das Gesetz ihm eine Hilfestellung geben will.

Durchaus sinnvoll jedoch könnten Informationen sein, die sich auf den Vertragspartner selbst (z.B. § 6 TDG) oder auf den Inhalt des Vertrages bzw. Eigenschaften einer zu liefernden Sache (z.B. § 1 I Nr. 3 BGB-InfoV) beziehen. Ist der Dienst des Anbieters darauf eingerichtet, mit Agenten abzuschließen, so hat er auch dafür Sorge zu tragen, dass diese Informationen von den Agenten abrufbar sind. Eine Standardisierung der Repräsentation solcher Daten ist dafür unausweichlich – Information in Form eines Freitextes kann zwar an einen Agenten übermittelt, aber von diesem nicht mit der nötigen Zuverlässigkeit verarbeitet werden. Zwar kann der Agent diese Information an den Nutzer weitergeben, doch soll dieser gerade von der Informationsverarbeitung entlastet werden.

Solange die erforderliche Standardisierung nicht gegeben ist, kann der Kunde, der einen Agenten einsetzt, sich nach [GiRo03, S. 69] nicht auf die fehlende Information berufen.

Angesichts der Bedeutung des Verbraucherschutzes wird man hier jedoch differenzieren müssen: Wenn der Anbieter ein ausschließlich an den menschlichen Benutzer gerichtetes Angebot unterhält, das der Verbraucher von seinen Agenten nutzen lässt[16], so reicht es aus, die Information in menschenlesbarer Form wiederzugeben. Der Verbraucher kann dann durch die Wahl des eingesetzten Agenten entscheiden, ob und welche Informationen er vor der Kaufentscheidung zu Gesicht bekommt.

Wird das Angebot jedoch auf die Nutzung durch Agenten ausgelegt, können z.B. ACL-Nachrichten mit Agenten ausgetauscht werden, so ist es Sache des Unternehmers, dafür Sorge zu tragen, dass die Agenten die benötigten Informationen auch bekommen und verarbeiten können. Dies kann durch die Unterstützung geeigneter Standards geschehen; aus technischer Sicht steht dem nichts im Wege – bislang hat sich aber weder eine besondere Unterstützung für Vertragsschlüsse mit Agenten noch ein Standard für die nach deutschem und europäischem Recht zu übermittelnden Informationen durchgesetzt.

Nachträgliche Information

Bezüglich der nachträglichen Information des Kunden ändert der Agenteneinsatz nichts gegenüber dem persönlichen Vertragsschluss. Zwar mag es sein, dass der Kunde auch auf diese Informationen verzichten möchte. In diesem Fall braucht er sie nicht zu beachten oder auch nur abzurufen. Der Anbieter aber hat dies nicht zu entscheiden. Auf welchem Wege die Informationen übermittelt werden, z.B. durch eine Nachricht an den Agenten oder per E-Mail, ist nicht relevant. Lediglich der Zugang beim Kunden

[16]Dies ist in gewissen Grenzen möglich, beispielsweise kann ein Agent Web-Seiten, die nach einem festen Schema aufgebaut sind, nach Begriffen und Preisen durchsuchen.

zählt (vgl. [GiRo03, S. 69]).

3.6 Fazit

In diesem Kapitel wurde gezeigt, dass Agenten zum Erstellen von Willenserklärungen und somit zum Abschluss von Verträgen verwendet werden können. Stets handelt es sich dabei jedoch um Erklärungen des Benutzers, nicht des Agenten. Die Zurechnung der Erklärungen nach dem deutschen Zivilrecht ist beim heutigen Stand der Technik und auch in naher Zukunft unproblematisch; wenn sich der Grad an Autonomie zukünftiger Agenten jedoch weiter steigern sollte, könnte sich dies ändern. In diesem Fall ist der Gesetzgeber gefragt, einen angemessenen Interessenausgleich zwischen dem Verwender des Agenten und seinen Vertragspartnern zu schaffen.

Bereits jetzt zeichnen sich aber Probleme des Fernabsatzrechts ab, das für den Vertragsschluss via Software-Agenten nicht ausgelegt ist. Auch ohne Gesetzesänderung können diese Probleme aber gelöst werden; eine Standardisierung an den Verbraucher zu übermittelnder Informationen erscheint dafür unausweichlich.

Kapitel 4

Entwicklung eines Signaturmechanismus

Im vorigen Kapitel wurde geklärt, dass Agenten aus juristischer Sicht zum Einsatz auf Märkten geeignet sind, da ihre Benutzer mit ihrer Hilfe Willenserklärungen abgeben und Verträge schließen können. Eine Grundvoraussetzung, um die Effizienz des Marktgeschehens durch Agenten zu steigern, ist somit erfüllt.

Der potentielle Effizienzgewinn könnte jedoch leicht wieder zunichte gemacht werden: Nachrichten, die zwischen Agenten verschickt werden, lassen sich – einfacher als bei der Kommunikation zwischen Menschen – beliebig verfälschen. Ihre geringe Verlässlichkeit führt gleichzeitig dazu, dass eine Fälschung auch durch den wahren Absender, dessen Absichten sich im Nachhinein geändert haben, behauptet werden könnte. Die Lösung liegt im Einsatz digitaler Signaturen, der sich in der Informatik bereits bewährt hat, im Umfeld von Softwareagenten aber noch kaum verbreitet ist.

In diesem Kapitel wird ein Signaturmechanismus für die Agentenkommunikation vorgestellt. Zunächst wird dabei die technische Seite betrachtet: Die Anforderungen an den Mechanismus werden untersucht, die zu verwendenden Standards ausgewählt und die Implementierung beschrieben. Anschließend erfolgt eine Einordnung in die Kategorien des deutschen Signaturgesetzes, die auch die Frage nach dem Nutzen des Signaturmechanismus aus juristischer Sicht beinhaltet. Schließlich wird eine mögliche Weiterentwicklung zur Autorisation von Transaktionen skizziert.

Der Signaturmechanismus ist weitgehend unabhängig vom Inhalt der versendeten Nachrichten und damit auch vom vorliegenden Anwendungsszenario. Es bietet sich daher an, ihn als Basisdienst zu implementieren, so dass der spätere Systementwurf nicht von diesem Mechanismus abhängt.

4.1 Anforderungen

Die grundlegenden Anforderungen an die sichere Nachrichtenübertragung sind bereits in Abschnitt 2.4.1 (S. 13) erläutert: Mit dem zu implementierenden Signaturmechanismus sollen Integrität, Authentizität und Nicht-Abstreitbarkeit erreicht werden.

In der praktischen Umsetzung kommen weitere Anforderungen hinzu:

- Die Implementierung sollte möglichst einfach sein: Je höher die Komplexität, desto höher sind nicht nur die Kosten, sondern auch die Wahrscheinlichkeit, dass unentdeckte Fehler zu Sicherheitslücken führen.
- Eine spätere Erweiterung sollte problemlos möglich sein.
- Der Signaturmechanismus sollte sich nahtlos in die Agentenplattform JADE (und nach einer möglichen Portierung auch in andere Plattformen) einfügen.
- Soweit möglich, sollte auf bestehende und weit verbreitete Signaturstandards zurückgegriffen werden.
- Die Lösung sollte auch kompatibel zu bestehenden Standards der Agentenkommunikation sein. Ist der Signaturmechanismus auf dem System eines Empfängers nicht vorhanden, sollte er die Nachrichten trotzdem lesen können.

Die Sicherheit vor Denial-of-Service-Angriffen, also vor Versuchen, einen Agenten (insbesondere durch Überlastung) an der Erfüllung seiner Aufgaben zu hindern, ist hingegen kein Entwurfsziel des vorgestellten Mechanismus; hierzu müssten der Nachrichtentransport und alle darunter liegenden Protokollschichten mit einbezogen werden, was im Rahmen der vorliegenden Arbeit nicht praktikabel wäre und für den wirksamen Abschluss von Verträgen auch nicht relevant ist.

4.2 Einordnung in das Schichtenmodell

Die erste Frage, die es zu beantworten gilt, betrifft die abzusichernde Netzwerkschicht: Die zum Nachrichtentransport in einem Netzwerk benötigten Protokolle sind in Schichten eingeteilt. So sorgt beispielsweise im Internet-Schichtenmodell die Schicht „Rechner-Netzanschluss" (z.B. Ethernet) für die Übertragung eines Datenstroms zwischen zwei direkt verbundenen Netzwerkknoten. Die darauf aufbauende Vermittlungsschicht (Internetschicht) ist u.a. für die Vermittlung zuständig, die notwendig wird, wenn zwei Rechner nicht direkt verbunden sind.

Da die benutzten Zwischensysteme nicht notwendigerweise unter Kontrolle der Agentenbenutzer stehen, erscheint nur eine Lösung auf den Endsystemen praktikabel. Somit kommen lediglich die Transport- und die Anwendungsschicht für die Integration des Signaturmechanismus' in Frage. Eine Absicherung auf Transportschicht ist recht einfach zu bewerkstelligen; als Mechanismus kommt das standardisierte Protokoll TLS (Transport Layer Security) [DiAl99] in Frage. Es ermöglicht sowohl Signaturen als auch Verschlüsselung. Eine solche Lösung hätte den Vorteil, dass kein Eingriff in die Anwendung (d.h. den Agenten oder die Plattform) nötig wäre. Für den vorgesehenen Einsatzzweck bestehen jedoch auch gravierende Nachteile:

- Die Forderung nach Kompatibilität ist verletzt: Setzt eine Plattform TLS ein, so müssen ihre Kommunikationspartner das auch tun. Die Lösung, eine Plattform mit zwei Transportmechanismen (gesichert und ungesichert) auszustatten, kann nur scheinbar Abhilfe schaffen: Zwar wäre die Kompatibilität wieder hergestellt, doch könnte kein Agent unterscheiden, ob eine empfangene Nachricht auf sicherem Wege übermittelt wurde oder nicht.
- Auch, wenn auf die Kompatibilität verzichtet wird: Ein Agent könnte nicht feststellen, von wem eine Nachricht signiert wurde. Die Zusammenführung entsprechender Daten aus Anwendungs- und Transportschicht wäre sehr aufwendig.

Eine Lösung auf Anwendungsebene stellt sicher, dass die benötigten Informationen über Absender und ihre Signaturen beim jeweiligen Agenten verfügbar sind. Indem der Signaturdienst als Ergänzung der Plattform implementiert wird, können die Anpassungen einzelner Agenten trotzdem auf ein Minimum beschränkt werden.

Im nächsten Abschnitt wird diskutiert, welcher Signaturstandard zu verwenden ist.

4.3 PGP vs. X.509

Im Wesentlichen haben sich weltweit zwei Standards für Signaturzertifikate durchgesetzt: X.509 und PGP bzw. OpenPGP. Die Entscheidung, welcher der Standards zu verwenden ist, ist von Bedeutung: Von ihr hängt nicht nur ab, welche womöglich bereits vorhandenen Zertifikate verwendet werden können. Die Standards unterscheiden sich auch in ihrer Flexibilität und in den möglichen Vertrauensmodellen (ein Vertrauensmodell beschreibt, wie das Vertrauen eines Benutzers in ein Zertifikat hergestellt wird).

Der X.509-Standard wurde 1988 von der International Telecommunications Union (ITU) verabschiedet; derzeit ist Version drei aktuell [Schä03, S. 142]. Ein Zertifikat nach diesem Standard besteht aus einer Reihe von Feldern, wie z.B. Seriennummer des Zertifikats, Aussteller und Zertifikatsinhaber, öffentlicher Schlüssel des Inhabers, Erweiterungen und einer Signatur.

Nach dem OpenPGP-Standard [CDFT98] bestehen Zertifikate im Wesentlichem aus einem primären Schlüssel, beliebig vielen Unterschlüsseln, beliebig vielen „User-IDs“ (mit beliebigem Inhalt, meist aber Name und E-Mail-Adresse) und beliebig vielen Signaturen pro Schlüssel und pro User-ID. Zentraler Unterschied zum X.509-Standard ist die Möglichkeit, einen Schlüssel mehreren Personen und E-Mail-Adressen zuzuordnen sowie die Möglichkeit, die Echtheit eines Zertifikats durch mehrere Signaturen zu bestätigen. Dies erhöht die Flexibilität, aber auch die Komplexität: Während bei X.509 stets ein eindeutiger Verifizierungspfad existiert, muss dieser bei PGP erst noch gefunden werden.

Für die Verwendung von X.509 spricht zudem die gute Unterstützung in der Programmiersprache Java sowie die Möglichkeit, Erweiterungsfelder im Zertifikat zu benutzen bzw. neu zu definieren. Aus diesen Gründen wird der Signaturmechanismus auf Basis von X.509 realisiert.

4.4 Public-Key-Infrastruktur

Beim Einsatz von Zertifikaten sind noch mehr Fragen zu beantworten als nur das Zertifikatsformat. Wichtig ist auch, zu klären, wie die Zertifikate an die Agenten verteilt werden und wie Vertrauen in die Zertifikate hergestellt wird. Eine *Public-Key-Infrastruktur (PKI)* beinhaltet die Lösung dieser Aufgaben.

[TrWa02, S. 246] definiert eine PKI als

> a framework consisting of policies defining the rules under which the cryptographic systems operate and procedures for generating and publishing keys and certicifates.

Die Zertifikatsverteilung könnte beispielsweise mit Hilfe des *Lightweight Directory Access Protocol (LDAP)* realisiert werden. Die Zertifikate könnten durch Zertifizierungsstellen signiert werden; der Agent bräuchte dann lediglich ein Verzeichnis mit Zertifikaten vertrauenswürdiger Zertifizierungsstellen, wie es z.B. auch in den gängigsten Web-Browsern enthalten ist.

Auch für den Widerruf von Zertifikaten, der nötig wird, wenn zu befürchten ist, ein Zertifikat könnte in die Hände eines Unbefugten gefallen sein, existieren standardisierte Protokolle, wie das *Online Certificate Status Protocoll (OCSP)*.

Im Rahmen dieser Arbeit wird die notwendige PKI nicht betrachtet. Jeder Agent speichert sein Zertifikat in einer Datenbank; in dieser Datenbank befindliche Zertifikate werden zunächst[1] von allen Agenten als vertrauenswürdig betrachtet. Methoden, die die Gültigkeit eines Zertifikats prüfen, werden aufgerufen, enthalten jedoch keinen tatsächlichen Prüfmechanismus.

4.5 Zu schützende Nachrichtenbestandteile

Nun gilt es zu entscheiden, welche Nachrichtenbestandteile durch die Signatur geschützt werden können. Auf den ersten Blick ist lediglich der Inhalt relevant, doch bei genauerer Betrachtung können alle Felder einer ACL-Nachricht (vgl. Tabelle 2.1, S. 11) auf die Verarbeitung beim Empfänger Einfluss haben. So kann z.B. ein falsch gesetztes

[1] Eine Weiterentwicklung , die einem verteilten System eher gerecht wird, ist in zukünftigen Versionen des Signaturmechanismus denkbar.

In-Reply-To-Feld dazu führen, dass eine Nachricht in einem falschen Kontext verstanden wird. Daher werden alle standardisierten Felder in die Signatur mit einbezogen und somit vor Manipulationen geschützt.

Nicht standardisierte Felder könnten ebenfalls einbezogen werden. Problematisch ist dies allein deshalb, weil in JADE nur auf einzelne Felder zugegriffen werden kann, wenn deren Bezeichnung bekannt ist. Dies ist jedoch bei benutzerdefinierten Feldern i.d.R. nicht der Fall. Stattdessen Nachrichten komplett zu signieren, scheitert daran, dass die textuelle Darstellung einer solchen Nachricht nicht standardisiert ist. Die Portierung des Signaturmechanismus auf eine andere Plattform könnte dann dadurch fehlschlagen, dass diese z.B. zusätzliche Leerzeichen einfügt oder überhaupt keinen Zugriff auf die vollständige Nachricht erlaubt.

Daher werden alle Felder aus Tabelle 2.1 einzeln in die Signatur einbezogen.

4.6 Umsetzung

4.6.1 Aufruf

Um eine einfache Anwendung zu gewährleisten, sollte das Versenden und das Empfangen signierter Nachrichten so wenig zusätzlichen Aufwand wie möglich verursachen.

Zu diesem Zweck wird eine Zwischenklasse *Signaturagent* zwischen der JADE-Klasse *jade.core.Agent* (von der alle JADE-Agenten erben) und dem eigentlichen Agenten eingefügt. Zum Versenden einer Nachricht wäre es wünschenswert, die Methode *send()* der Klasse *jade.core.Agent* zu überschreiben – somit könnte bei jedem Versand automatisch eine Signatur eingefügt werden. Da die Methode jedoch als *final* deklariert ist, ist dies nicht ohne weiteres möglich.

Eine neue Methode *signedSend()*, die signiert und anschließend die send()-Methode aus *jade.core.Agent* aufruft, wäre eine weitere Möglichkeit. Wenn der Agent sich aber auf vorgefertigte Behaviours[2] verlässt, hat er keinen Einfluss auf das eigentliche Versenden der Nachricht. Da in JADE eine Reihe von Behaviours definiert sind, die standardisierte Interaktionsprotokolle implementieren, würde der Verzicht auf ihre Verwendung eine erhebliche Komforteinbuße bedeuten. Somit kommt diese Lösung nicht in Frage.

Es bleibt die Möglichkeit, vor dem Versand einer Nachricht jeweils von Hand eine gesonderte Methode zum Signieren aufzurufen – auch dies ist jedoch keine sinnvolle Option, denn Werte wie die Conversation-ID werden oft durch die bereits erwähnten vorgefertigten Behaviours gesetzt – eine bereits vorhandene Signatur würde auf diese Weise ungültig.

[2] Ein Behaviour (Verhalten) dient in JADE der Steuerung einer Abfolge von Aktivitäten, insbesondere Interaktionen mit anderen Agenten.

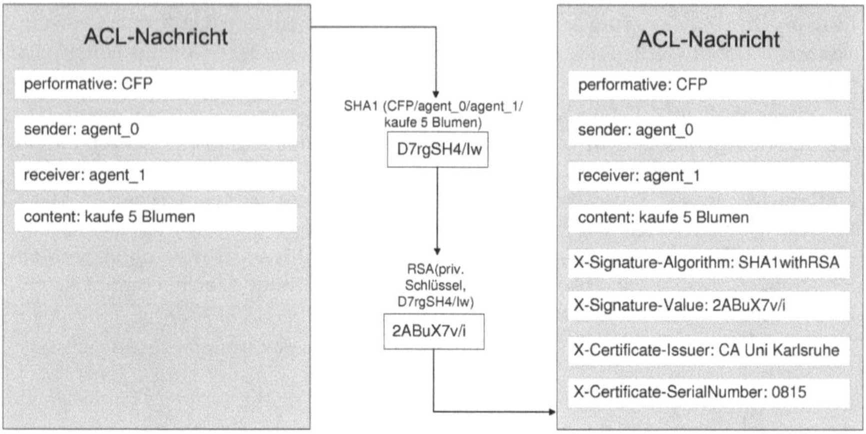

Abbildung 4.1: Ablauf des Signaturverfahrens

Angesichts dieser Schwierigkeiten fiel die Entscheidung darauf, die *send()*-Methode aus *jade.core.Agent* zu überschreiben: Die *final*-Deklaration wurde dazu aus dem JADE-Quelltext entfernt. In der Klasse *Signaturagent* wird die Methode überschrieben; vor dem Aufruf der ursprünglichen *send()*-Methode wird die zu versendende Nachricht in der überschreibenden Methode signiert.

4.6.2 Ablauf

Der Signaturprozess läuft wie folgt ab:

- Eine Nachricht soll versendet werden. Dazu wird die Methode *send()* der Klasse *Signaturagent* aufgerufen.
- Die Methode *send()* ruft die Methode *sign()* der Klasse *Signaturagent* auf.
- Der Aufruf wird an die Methode *sign()* des *Crypto*-Objekts delegiert.
- Die Nachricht wird in eine Zeichenkette umgewandelt. Dabei werden die einzelnen Nachrichtenfelder, durch das Zeichen „/" getrennt, konkateniert. In der Nachricht bereits auftretende Schrägstriche werden als „//" maskiert; somit ist gewährleistet, dass einzelne Schrägstriche nur als Trennzeichen auftreten können.
- Das Schlüsselpaar des Unterzeichners wird geladen.
- Eine Signatur der Zeichenkette wird mittels in Java (Package *java.security*) bereits vorhandener Methoden erzeugt.
- Da ein Transport von 8-bit-Zeichen über ein Netzwerk erfahrungsgemäß Probleme bereiten kann, wird die Signatur mittels des Base64-Verfahrens in 7-bit-

Zeichen umgesetzt.

- Der Nachricht werden vier Header-Felder hinzugefügt: Die eigentliche Signatur, der verwendete Signaturalgorithmus sowie, zur Identifikation des zur Prüfung zu verwendenden Zertifikats, dessen Aussteller und Seriennummer.

  Eine (verkürzte) Darstellung des Signaturverfahrens findet sich in Abbildung 4.1.

Im Gegensatz zum Versand erfolgt die Verifizierung einer Signatur nicht transparent für die Anwendungslogik des Agenten. Zwei Gründe sind hierfür ausschlaggebend:

- Die Reaktion auf fehlerhafte bzw. nicht vorhandene Signaturen ist vom konkreten Einsatzszenario abhängig.
- Der Agent muss nicht nur die Information erhalten können, *dass* eine Nachricht signiert ist, sondern auch, *von wem*.

Die Prüfung einer Nachricht erfolgt durch Aufruf der Methode *verify* der Klasse *Signaturagent*; der sich daran anschließende Ablauf ist analog zur Signaturerstellung. Der Methode kann als Argument ein Name übergeben werden; in diesem Fall wird überprüft, ob es sich um den Namen des Unterzeichners handelt. Das Namensformat entspricht dem *X.500 Distinguished Name*, wie er in X.509-Zertifikaten verwendet wird.[3]

Man beachte, dass der verwendete Name *nicht* der des Agenten, sondern der seines Besitzers ist.

4.6.3 Effizienz

Der implementierte Signaturmechanismus wurde einem Geschwindigkeitstest unterzogen. Dazu wurden zwei Agenten implementiert, die jeweils auf jede ankommende Nachricht mit einer Antwort-Nachricht an den Absender reagieren. Die Nachrichten bestanden dabei jeweils nur aus den Feldern Absender, Empfänger, Performativ, In-Reply-To und Reply-With. In einem ersten Durchlauf wurde die Zeit gestoppt, bis jeder Agent 10 000 Nachrichten empfangen, die Signatur geprüft und eine Antwort verschickt hatte. Der gleiche Vorgang, jedoch ohne Verwendung des Signaturmechanismus, wurde unter identischen Rahmenbedingungen in einem zweiten Durchlauf durchgeführt.

Während der erste Versuch 254,02 Sekunden in Anspruch nahm, war der zweite bereits nach 49,3 Sekunden beendet. Um zu überprüfen, ob der Aufwand bei der Signaturerzeugung oder der -prüfung entstand, wurde in einem dritten Versuch zwar signiert, aber auf die Signaturprüfung verzichtet. Dieser Versuch nahm 162,7 Sekunden in Anspruch – Erzeugung und Überprüfung verursachen also jeweils einen ähnlichen Aufwand. Insgesamt verursachen Signaturerzeugung und -überprüfung eine erhebliche Verlangsamung der Nachrichtenübermittlung. Trotz bestehenden Optimie-

[3]Geringfügige syntaktische Anpassungen sind dabei jedoch nötig, um den Namen als Kommandozeilenargument einem Agenten übergeben zu können; diese lassen sich aus der Dokumentation der Implementierung entnehmen.

rungspotentials wird sich diese Verzögerung nicht beliebig reduzieren lassen. Es gilt jedoch zu bedenken, dass die in der Realität zu erwartende Beeinträchtigung deutlich geringer ist. So wird ein Agent, der beispielsweise für den elektronischen Handel eingesetzt wird, nur einen kleinen Teil seiner Laufzeit auf den Versand bzw. den Empfang von Nachrichten verwenden. Zudem wurden beide zum Test verwendeten Agenten auf dem gleichen Rechner und der gleichen Agentenplattform gestartet; die Übermittlungsdauer der Nachrichten über ein Netzwerk ist in der Regel deutlich höher als innerhalb eines Rechners. Der Anteil der Signaturerzeugung und -prüfung am Übermittlungsprozess wird also in realen Anwendungen geringer sein.

Schließlich gilt es, auch die absoluten Werte zu betrachten: Auf einem handelsüblichen Rechner[4] wurden pro Sekunde ca. 40 Nachrichten signiert, übermittelt und geprüft.

4.7 Rechtliche Bewertung

Der folgende Abschnitt soll klären, wie sich der verwendete Signaturmechanismus in die Kategorien des Signaturgesetzes einordnen lässt. Wie in Abschnitt 2.4.4, S. 17 erläutert, entscheidet diese Einordnung nicht nur über Beweisfragen im Prozessrecht, sondern auch über das Erfüllen von Formerfordernissen.

4.7.1 Einfache oder fortgeschrittene elektronische Signatur?

Dass der Signaturmechanismus mindestens eine einfache elektronische Signatur realisiert, ist offensichtlich: Nach § 2 Nr. 1 SigG sind dies bereits

> Daten in elektronischer Form[5], die anderen elektronischen Daten beigefügt oder logisch mit ihnen verknüpft sind und die zur Authentifizierung dienen.

Sowohl die signierten Daten als auch die Signatur sind elektronisch repräsentiert, und die Signatur ist der signierten Nachricht beigefügt. Auch dient der Signaturmechanismus der Authentifizierung von Nachrichten; dies war gerade ein zentrales Entwurfsziel.

Fraglich ist aber, ob auch die Anforderungen an fortgeschrittene elektronische Signaturen erfüllt sind. § 2 Nr. 2 SigG verlangt von diesen zusätzlich, dass sie

a) ausschließlich dem Signaturschlüssel-Inhaber zugeordnet sind,
b) die Identifizierung des Signaturschlüssel-Inhabers ermöglichen,

[4] AMD Athlon XP 1600+, 512 MB Arbeitsspeicher, Betriebssystem Microsoft Windows 2000.

[5] Der Begriff „elektronische Form“, wie er hier verwendet wird, hat natürlich nichts mit der elektronischen Form des § 126a BGB zu tun.

c) mit Mitteln erzeugt werden, die der Signaturschlüssel-Inhaber unter seiner alleinigen Kontrolle halten kann, und
d) mit den Daten, auf die sie sich beziehen, so verknüpft sind, dass eine nachträgliche Veränderung der Daten erkannt werden kann,

Die einzelnen Punkte sollen im Folgenden einer genaueren Prüfung unterzogen werden.

Ausschließliche Zuordnung zum Signaturschlüssel-Inhaber

Mit „Signaturschlüssel" werden nach § 2 Nr. 4 SigG Daten bezeichnet, die zur Erstellung elektronische Signaturen verwendet werden, im vorliegenden Fall also der private Schlüssel des jeweiligen Absenders.

Es ist kein Widerspruch zu der Forderung nach der ausschließlichen Zuordnung eines Schlüssels an einen Inhaber, wenn dieser von mehreren Agenten eingesetzt wird; mit Signaturschlüssel-Inhabern sind nach § 2 Nr. 9 SigG nur (natürliche) Personen gemeint.[6] Auch, wenn eine solche Person ihre Erklärungen von einem oder mehreren Agenten erstellen und unterzeichnen lässt, so bleibt die Zuordnung des oder der Schlüssel und damit der Signaturen an die unterzeichnende Person doch gewahrt.[7]

Diese Einordnung ist jedoch nur scheinbar unproblematisch – denkbar wäre, dass für die ausschließliche Zuordnung eines Schlüssels an seinen Inhaber Zertifikate eines Zertifizierungsdiensteanbieters nötig sind. So weist Roßnagel in [Roßn03b, S. 164] darauf hin, die amtliche Begründung des Gesetzes [RegS00, S. 18] sei insofern widersprüchlich, als sie einerseits für die fortgeschrittene elektronische Signatur Verfahren ohne PKI[8] für ausreichend erkläre, andererseits jedoch eine PKI fordere. Dem ist nicht zuzustimmen; zwar spricht die Begründung davon, dass ein Zertifizierungsdiensteanbieter nicht den selben Schlüssel mehreren Personen zuordnen dürfe. Dies bedeutet aber nicht, dass ein solcher Anbieter überhaupt existieren muss. Vielmehr besteht bei den im praktischen Einsatz befindlichen Signaturverfahren (so auch in der vorliegenden Arbeit) die Gefahr, dass der gleiche Signaturschlüssel von verschiedenen Instanzen mehrfach erzeugt wird, nicht: Gängig sind z.B. bei RSA Schlüssel der Länge 1024 bit. Die Zahl n, auf die sich diese Angabe bezieht, ist das Produkt zweier jeweils ungefähr 512 bit langer Primzahlen. Es existieren rund 10^{150} solcher Primzahlen.[9] Die Zuord-

[6] Nach der Formulierung des § 2 Nr. 9 SigG in der ursprünglichen Fassung waren lediglich die Inhaber qualifizierter Zertifikate Signaturschlüssel-Inhaber, was jedoch nicht der Verwendung des Begriffs im restlichen Gesetz entsprach. Dieser Fehler wurde nach Fertigstellung dieser Diplomarbeit durch das am 11. Januar 2005 in Kraft getretene erste Gesetz zur Änderung des Signaturgesetzes korrigiert.

[7] Zum gleichen Ergebnis kommen auch Roßnagel und Fischer-Dieskau in [RoFD04].

[8] Der von Roßnagel zugrunde gelegte PKI-Begriff unterscheidet sich offensichtlich von dem in der Informatik gängigen und auch in dieser Arbeit verwendeten (vgl. Abschnitt 4.4), indem er davon ausgeht, bei PGP werde keine PKI verwendet. Auch PGP kennt jedoch Mechanismen zur Schlüssel- und Zertifikatsverteilung.

[9] Warum die Gesetzesbegründung dennoch im nächsten Satz darauf hinweist, ein Abgleich mit allen

nung eines Schlüssels an mehrere Personen kann also in der Praxis nur dann auftreten, wenn dieser durch einen Zertifizierungsdiensteanbieter erzeugt und dann an mehrere Personen weitergegeben wird. Der von Roßnagel kritisierte Widerspruch besteht also nicht; die Gesetzesbegründung nennt lediglich eine Anforderung an Zertifizierungsdiensteanbieter, *falls* solche zum Einsatz kommen.

Für diese Interpretation spricht auch die Legaldefinition von Zertifizierungsdiensteanbietern als „Personen, die *qualifizierte* Zertifikate oder qualifizierte Zeitstempel ausstellen" (§ 2 Nr. 8 SigG). Demnach wird die Anmerkung, auf die Roßnagel sich bezieht, erst bei der qualifizierten elektronischen Signatur relevant.

Selbst, wenn man annimmt, eine PKI im Sinne Roßnagels sei für fortgeschrittene elektronische Signaturen Voraussetzung: Der implementierte Mechanismus erlaubt problemlos die Verwendung einer solchen, auch, wenn von einer Implementierung vorerst abgesehen wurde. Das Merkmal der ausschließlichen Zuordnung kann also als erfüllt angesehen werden.

Identifizierung des Signaturschlüssel-Inhabers

Weitere Anforderung ist die Möglichkeit, den Signaturschlüssel-Inhaber identifizieren zu können; im vorliegenden Fall kann dies über das verwendete X.509-Zertifikat geschehen. Wie der Empfänger einer Nachricht an das Zertifikat kommt, ist unerheblich; die Implementierung im Rahmen der vorliegenden Arbeit verteilt die Zertifikate über eine Datenbank. An die Art der Identifikation bei der Zertifikatsausstellung werden keine besonderen Anforderungen gestellt (vgl. [Roßn03b, S. 165]).

Alleinige Kontrolle

Eine fortgeschrittene elektronische Signatur muss „mit Mitteln erzeugt werden, die der Signaturschlüssel-Inhaber unter seiner alleinigen Kontrolle halten kann" (§ 2 Nr. 2 SigG). Dies bedeutet, dass es möglich sein muss, die „Signaturerstellungseinheit vor unbefugter Nutzung [zu] schützen" [RegS00, S. 18].

Welche Anforderungen an diese Kontrollmöglichkeit gestellt werden, ist unklar. Nach der Gesetzesbegründung [RegS00, S. 18] reicht die Verwendung einer Software aus, die den privaten Schlüssel auf Diskette, Festplatte oder vergleichbaren Datenträgern speichert.

Roßnagel tritt dem in [Roßn03b, S. 165] entgegen; die Möglichkeit der alleinigen Kontrolle, wie der Gesetzeswortlaut sie fordere, könne nur bestehen, wenn der Signaturschlüssel auf einem gegen unbefugte Benutzung gesicherten Medium wie einer Chipkarte gespeichert sei. Andernfalls seien zusätzliche Schutzmaßnahmen nötig, eine Einzelfallbetrachtung dieser Maßnahmen sei aber aus Gründen der Rechtssicherheit nicht

anderen Zertifizierungsdiensteanbietern sei zu aufwendig, entzieht sich dem Verständnis des Autors.

angezeigt.

Dieser Argumentation kann jedoch nur teilweise zugestimmt werden. Zunächst einmal ist zwischen der *Speicherung* und der *Nutzung* eines Schlüssels zu unterscheiden. Die Speicherung erfolgt bei den gängigen Signaturstandards stets verschlüsselt; der Benutzer muss hierzu ein Passwort vorgeben. Die Sicherheit dieser Verschlüsselung hängt von Länge und Beschaffenheit des gewählten Passworts, mithin also vom Benutzer, ab. Folglich *kann* dieser den *gespeicherten* Schlüssel unter seiner alleinigen Kontrolle halten – mehr wird vom Gesetzeswortlaut nicht gefordert. Auch die Benutzung von Chipkarten als Speichermedium, wie Roßnagel sie vorschlägt, bietet insofern keine Erhöhung der Sicherheit.

Problematischer ist diese Kontrolle bei der tatsächlichen Nutzung des Signaturschlüssels, denn für diese muss er entschlüsselt werden. Die Forderung nach alleiniger Kontrolle bedeutet also, dass das System, auf dem die Signatur erstellt wird, sicher sein muss. Fraglich ist, welcher Sicherheitsgrad hier durch das Gesetz gefordert ist. Ein Rechner, der für übliche Internetnutzung eingerichtet ist, kann nach heutigem Stand jedoch nicht so abgesichert werden, dass ein unbefugter Zugriff auf seine Datenträger unmöglich ist; immer wieder tauchen Fehler in Betriebssystemen auf, die einen solchen Zugriff ermöglichen.[10] Man muss Roßnagel also zustimmen, dass die alleinige Kontrolle über einen Signaturschlüssel nur gewährleistet werden kann, wenn besondere Schutzmaßnahmen getroffen werden – beispielsweise der Verzicht auf eine Vernetzung des verwendeten Rechners und Sicherung des physikalischen Zugangs. Da nur wenige potentielle Nutzer elektronischer Signaturverfahren über die notwendige Fachkenntnis verfügen, wäre bei dieser Auslegung des § 2 Nr. 2c SigG demnach die Verwendung fortgeschrittener digitaler Signaturen ohne zusätzliche Hardware nicht möglich.

Gegen diese Interpretation spricht aber die Definition qualifizierter elektronischer Signaturen des § 2 Nr. 3 SigG. An diese wird dort die *zusätzliche* Anforderung gestellt, dass sie mit einer sicheren Signaturerstellungseinheit erzeugt werden müssen. Die Anforderungen an eine solche Einheit werden in § 17 I-III SigG und § 15 I der Signaturverordnung (SigV) definiert. Wesentliche Punkte des § 15 I SigV sind die Sicherung vor Preisgabe des Signaturschlüssels sowie das Erfordernis, den Schlüsselinhaber durch „Besitz und Wissen" oder Besitz und biometrische Merkmale zu identifizieren.

Da die fortgeschrittene elektronische Signatur nach dem Wortlaut und der Begründung des SigG eine „Zwischenstufe" zwischen einfacher und qualifizierter Signatur darstellt, ist die Forderung nach einer Hardwarelösung für fortgeschrittene Signaturen wohl nicht gerechtfertigt.

Damit bleibt aber das auch von Roßnagel angesprochene Problem, dass ein einheitliches Sicherheitsniveau nicht gewährleistet werden kann; so ist es wesentlich einfacher, in den Besitz des Signaturschlüssels eines Laien zu kommen als in den eines profes-

[10]Eine Auflistung solcher Fehler in Windows- und Unix-Systemen findet sich in [Sans].

sionellen Anwenders. Dennoch führt dies nicht dazu, dass das gleiche Verfahren anwenderabhängig zu fortgeschrittenen oder zu einfachen Signaturen führen kann (so Roßnagel in [Roßn03b, Fußnote 14 auf S. 165]). Vielmehr reicht die *Möglichkeit* der alleinigen Kontrolle über den Signaturschlüssel aus, um eine fortgeschrittene elektronische Signatur zu erzeugen.

Eine andere Lösung ist auch gar nicht denkbar; der Empfänger einer signierten Nachricht kann die beim Absender getroffenen Sicherheitsmaßnahmen nicht prüfen. Im Gegensatz zur qualifizierten Signatur, für deren Erstellung nur bestimmte Produkte zugelassen sind, hat der Gesetzgeber für einfache und fortgeschrittene Signaturen keine Einschränkungen vorgesehen.

Die damit zwangsläufig einhergehende Rechtsunsicherheit ist hinzunehmen; der Empfänger einer (nicht qualifiziert) signierten Nachricht muss im Einzelfall abwägen, ob er das Risiko in Kauf nehmen will, getäuscht zu werden. Immerhin bedeutet die fortgeschrittene Signatur bei sehr geringem Aufwand einen erheblichen Sicherheitsgewinn gegenüber der immer noch üblichen, nicht signierten oder verschlüsselten Kommunikation.

Für den praktischen Teil dieser Arbeit bleibt festzuhalten: Die Speicherung des privaten Schlüssels auf einer Festplatte verhindert nicht die Eignung des implementierten Mechanismus zur Erstellung fortgeschrittener Signaturen.

Dennoch sind zwei Einschränkungen zu beachten. Zum Einen wird zu Demonstrationszwecken das Passwort, das den Zugriff auf den privaten Schlüssel schützt, im Klartext beim Aufruf eines Agenten über die Kommandozeile eingegeben; dies hindert den Benutzer daran, es unter seiner alleinigen Kontrolle zu halten. Abhilfe wäre bei Bedarf jedoch einfach möglich; die verschleierte Eingabe eines Passworts ist unproblematisch. Zum Anderen beinhaltet die Agentenplattform JADE keine Zugriffskontrollmechanismen; es ist zunächst ohne Weiteres möglich, einen Agenten auf einer fremden Plattform zu starten, der dann z.B. Passwörter auslesen könnte. Die Erweiterung JADE-S [Jadea] hilft diesem Problem ab.

Erkennung nachträglicher Veränderungen

Schließlich muss ein Verfahren für die Erstellung fortgeschrittener elektronischer Signaturen noch sicherstellen, dass nachträgliche Veränderungen der signierten Daten erkannt werden können. Dies wird im implementierten Verfahren durch die Verwendung einer kryptographischen Hash-Funktion und eines asymmetrischen Kryptographieverfahrens gewährleistet – die Verfahren sind austauschbar, konkret wurden aber SHA-1 [SHA195] als Hash- und RSA [RiSA78] als Signaturalgorithmus ausgewählt.

Fazit

Zusammenfassend kann konstatiert werden, dass der implementierte Mechanismus prinzipiell den Anforderungen an eine fortgeschrittene elektronische Signatur genügt, für einen praktischen Einsatz jedoch noch geringfügige Modifikationen sowie die Verwendung der JADE-Erweiterung JADE-S erforderlich wären.

4.7.2 Nutzen der fortgeschrittenen elektronischen Signatur

Erklärungen, die mit einer fortgeschrittenen elektronischen Signatur versehen sind, erfüllen die vereinbarte Schriftform nach § 127 II BGB sowie die vereinbarte elektronische Form nach § 127 III BGB, da im ersten Fall überhaupt keine Signatur gefordert ist, im zweiten jede beliebige elektronische Signatur genügt (der Empfänger kann dann jedoch nachträglich eine qualifizierte Signierung bzw. eine Beurkundung verlangen, § 126 III BGB).

Wenn zwei Parteien jedoch Agenten zum Handel benutzen, sind sie sich ohnehin darüber einig, in welcher Form ihre Erklärungen übermittelt werden sollen – der vorgestellte Signaturmechanismus bringt hier keinen Vorteil.

Wichtiger ist die Eignung der signierten (und ggf. protokollierten) Nachrichten als Beweis im Zivilprozess. Wie im Abschnitt 2.4.4, S. 17, erläutert, unterliegt ein nicht qualifiziert signiertes Dokument der freien richterlichen Beweiswürdigung. In der Regel wird der Empfänger den Beweis der Authentizität erbringen müssen (vgl. Roßnagel in [Roßn03b, S. 169]) – Einblick in seine Sicherungsmaßnahmen hat aber allein der Signierende. Da eine fortgeschrittene Signatur mit Mitteln erzeugt werden muss, die „der Signaturschlüssel-Inhaber unter seiner alleinigen Kontrolle halten kann" (§ 2 Nr. 2 SigG), liegt zwar die Vermutung seines Verschuldens nahe, wenn ein Dritter sich seines privaten Schlüssels bemächtigt. Wie oben aufgeführt, sind die Sicherheitsanforderungen jedoch nicht so hoch, dass der Eingriff Dritter unter allen Umständen ausgeschlossen werden kann. Somit bleibt nur eine Einzelfallbetrachtung, bei der der Richter unter anderem berücksichtigen kann, ob der potentielle (wirtschaftliche) Nutzen, den der Dritte dadurch erlangen könnte, den Aufwand übersteigt, der zum Überwinden der Sicherheitsmechanismen eines sorgfältigen Benutzers notwendig ist.

Für den Benutzer, der nicht nur technische, sondern auch rechtliche Sicherheit wünscht, wäre ein höherer Beweiswert natürlich wünschenswert; deshalb wird im nächsten Abschnitt geprüft, ob der implementierte Mechanismus so weiterentwickelt werden kann, dass damit qualifizierte Signaturen zu erstellen sind.

4.7.3 Weiterentwicklung zur qualifizierten Signatur möglich?

§ 2 Nr. 3 SigG stellt an qualifizierte elektronische Signaturen im Vergleich zu fortgeschrittenen Signaturen zwei zusätzliche Anforderungen.

Erstens müssen sie auf einem „zum Zeitpunkt ihrer Erstellung gültigen qualifizierten Zertifikat beruhen" (§ 2 Nr. 3a SigG). Diese Anforderung ist unproblematisch zu erfüllen: Das eingesetzte Zertifikatsformat X.509 kann auch für qualifizierte Zertifikate verwendet werden; wie und von wem die verwendeten Zertifikate ausgestellt werden, ist für das Funktionieren des Signaturverfahrens unerheblich.

Zweitens müssen sie „mit einer sicheren Signaturerstellungseinheit erzeugt werden" (§ 2 Nr. 3b SigG). Wie oben erwähnt, erfordert dies nach § 15 I SigV die Identifikation des Schlüsselinhabers durch Besitz und Wissen (bzw. durch Besitz und biometrische Merkmale). Nun wäre es durchaus denkbar, den implementierten Signaturmechanismus so zu erweitern, dass das Einlegen einer Chipkarte in ein angeschlossenes Lesegerät überprüft bzw. die Signatur mittels dieser Chipkarte erzeugt werden könnte. Fraglich ist allein, zu welchem Zeitpunkt bzw. wie oft diese Identitätsprüfung stattfinden müsste.

Von der Beantwortung dieser Frage hängt ab, ob Agenten überhaupt qualifiziert signierte Nachrichten austauschen können. Muss jede einzelne Signatur durch den Benutzer bestätigt werden, so kann der Agent nicht mehr autonom handeln – ist also definitionsgemäß kein Agent mehr.

Die amtliche Begründung zu § 15 I SigV [Begr01] scheint eine Lösung des Problems zu bieten; demnach ist es möglich, die erforderliche Identifikation einmalig für eine gewisse Zeit oder eine gewisse Anzahl an Signaturen durchzuführen, auch, wenn die erneute Identifikation für jede Signatur der Regelfall sein soll.

Zunächst erscheint jedoch fraglich, wie dies mit der geforderten Sicherheit qualifizierter elektronischer Signaturen in Einklang zu bringen ist: Um nach einmaliger Identifikation mehrere Signaturen erstellen zu können, müssen der entschlüsselte Signaturschlüssel bzw. die Identifikationsdaten in der Signaturerstellungseinheit gespeichert werden. Solange dies der Fall ist, könnten dieser Einheit von dem mit ihr verbundenen System beliebige Daten zur Signatur vorgelegt werden. Es gilt aber zu bedenken, dass auch an dieses System gewisse Anforderungen gestellt werden (s. hierzu den nächsten Absatz). Zudem besteht das Risiko, dass der Signaturerstellungseinheit Daten zugeführt werden könnten, die dem Anwender nicht angezeigt wurden, prinzipiell auch ohne Speicherung der Identifikationsdaten – allerdings kann pro Identifikation dann nur ein Signaturvorgang ohne den Willen des Anwenders erfolgen.

Ein weiteres Problem könnte in § 15 II Nr. 1b,1c SigV liegen. Dieser fordert von Signaturanwendungskomponenten[11], dass „eine Signatur nur durch die berechtigt signierende Person erfolgt" und „die Erzeugung einer Signatur vorher eindeutig angezeigt wird". Daraus lässt sich folgern, dass nur die Signatur durch eine natürliche Person in Betracht gezogen wurde – sonst wäre das Erfordernis einer Anzeige sinnlos.

Allerdings ist der Einsatz von Signaturanwendungskomponenten, die die genannten

[11] Es handelt sich nach § 2 Nr. 11 SigG um „Software- und Hardwareprodukte, die dazu bestimmt sind, [...] Daten dem Prozess der Erzeugung oder Prüfung qualifizierter elektronischer Signaturen zuzuführen [...]".

Anforderungen erfüllen, nicht zwingend notwendig. Nach § 17 II Satz 4 SigG *sollen* Signaturschlüssel-Inhaber „solche Signaturanwendungskomponenten einsetzen oder andere geeignete Maßnahmen zur Sicherheit qualifizierter elektronischer Signaturen treffen". Vor dem Hintergrund der amtlichen Begründung kann somit davon ausgegangen werden, dass die Bestätigung jeder einzelnen Signatur durch den menschlichen Signaturschlüssel-Inhaber nicht gefordert ist. Voraussetzung ist aber, dass durch andere Maßnahmen sichergestellt ist, dass die Signatur vom Willen des Signaturschlüssel-Inhabers gedeckt ist. Selbst ohne diese Maßnahmen kann eine qualifizierte Signatur zustande kommen – wie in der amtlichen Begründung des § 17 II SigG [RegS00, S. 30] ausgeführt, kann der Empfänger nicht erkennen, welche Signaturanwendungskomponente bei der Signaturerstellung verwendet wurde. Allein um Schadensersatzforderungen aufgrund gefälschter Signaturen vermeiden zu können, empfiehlt sich jedoch die Einhaltung der Soll-Bestimmung des § 17 II Satz 4 SigG.

Die erforderlichen Maßnahmen sind zum Einen administrativer Natur. So muss sowohl der physische Zugang zum verwendeten Rechner als auch der Zugang über Netzwerke so sehr eingeschränkt werden, dass ein Austausch des Programmcodes, der die zu signierenden Daten generiert, nur mit sehr hohem Aufwand möglich ist. Zum Anderen muss auch dieser Programmcode selbst vor Manipulationen geschützt sein. Zum Beispiel darf nicht auf (böswillige) unvorhergesehene Eingaben mit unerwünschten Ausgaben reagiert werden – insbesondere dann nicht, wenn ein Dritter sich dadurch einen Vorteil verschaffen könnte. Das Erfüllen dieser Anforderung durch das Multiagentensystem, das im Rahmen dieser Arbeit implementiert wurde, kann nicht garantiert werden – eine entsprechende Weiterentwicklung scheint jedoch möglich. Um ein höchstmögliches Maß an Sicherheit zu erhalten, könnten alle erstellten Erklärungen vor ihrer Signierung durch einen unabhängig programmierten Algorithmus auf Plausibilität überprüft werden.

Die Sicherheitsanforderungen des Signaturgesetzes können also erfüllt werden. Jedoch bleibt die Frage, ob die Signatur durch Agenten oder allgemein durch Computersysteme überhaupt der Konzeption des Signaturgesetzes entspricht. Roßnagel und Fischer-Dieskau [RoFD04, S. 135] bejahen dies; zwar bestehe die Möglichkeit der Gleichstellung der qualifizierten elektronischen Signatur mit der eigenhändigen Unterschrift, doch sei nicht jede qualifizierte Signatur ein Substitut der Unterschrift. Überdies seien die Rechtsfolgen des Signatureinsatzes im SigG nicht geregelt. Das Erfordernis, Signaturen in jedem Einzelfall durch natürliche Personen erzeugen zu lassen, sei dem SigG nicht zu entnehmen.

Dieser Folgerung ist zuzustimmen. Wenn eine Person Erklärungen durch Agenten erstellen lassen will und dabei das vom Signaturgesetz geforderte Sicherheitsniveau erreicht wird, so spricht nichts dagegen, dass die Erklärungen auch mit qualifizierten elektronischen Signaturen versehen werden können. In der Tat ist fraglich, ob diese Signaturen als Ersatz einer eigenhändigen Unterschrift gelten können; diese Frage wird aber erst bei der Prüfung relevant, ob (und welche) Formerfordernisse beim Einsatz elektronischer Signaturen erfüllt werden können.

Als Zusammenfassung kann festgehalten werden, dass qualifizierte elektronische Signaturen durchaus auch von Agenten erstellt werden können. Hiermit sind aber erhebliche Anstrengungen zur Erlangung eines ausreichenden Sicherheitsniveaus verbunden.

4.7.4 Nutzen der qualifizierten elektronischen Signatur

Welchen Nutzen bringt die qualifizierte elektronische Signatur nun also im Vergleich zur nur fortgeschrittenen elektronischen Signatur ihrem Verwender und dem Geschäftsverkehr als Ganzem?

Die Vorteile lassen sich i.W. in zwei Bereiche unterteilen; dies ist zum Einen die Möglichkeit, Formerfordernisse zu erfüllen und zum Anderen die Eignung als Beweis im Zivilprozess.

Elektronische Form

Die elektronische Form einer Erklärung ist nach § 126a I BGB erfüllt, wenn der Aussteller dieser seinen Namen hinzufügt und das resultierende elektronische Dokument mit einer qualifizierten elektronischen Signatur versieht. Nach § 126a II BGB ist bei Verträgen erforderlich, dass beide Parteien diesen Vorgang mit einem gleichlautenden Dokument durchführen.

Roßnagel weist in [Roßn03a, S. 1825] auf ein Problem der Formulierung des § 126a I BGB hin. Dem Wortlaut nach muss das qualifizierte Zertifikat dem Dokument nicht beigefügt werden. Es wäre also denkbar, dass den Empfänger eine Nachricht erreicht, die mit einer lediglich fortgeschrittenen elektronischen Signatur versehen ist und der Absender die erforderliche Form im Nachhinein durch Vorweisen eines qualifizierten Zertifikats herstellt – oder dies unterlässt. Roßnagel fordert daher die Auslegung derart, dass das verwendete Zertifikat in die Signatur einzubeziehen ist. Diese Forderung erscheint im Kern gerechtfertigt – jedoch genügt es auch, wenn das Zertifikat zum Zeitpunkt des Zugangs der Erklärung in einem öffentlichen Verzeichnis abrufbar und dem Empfänger somit zugänglich ist. Auch, wenn zusätzlich ein weiteres Zertifikat besteht, das den Anforderungen an ein qualifiziertes Zertifikat nicht genügt, so ist doch davon auszugehen, dass die erzeugte Signatur als qualifizierte elektronische Signatur einzuordnen ist. Bei der Implementierung, die im Rahmen dieser Arbeit angefertigt wurde, wird eine eindeutige Identifikation des für eine Signatur verwendeten Zertifikats als Bestandteil der versandten Nachricht mitgeschickt, jedoch nicht signiert. Jedoch hat der Empfänger die Möglichkeit, das Zertifikat zu Prüfzwecken abzurufen.

Fraglich ist nun, ob auch durch Agenten erstellte Erklärungen den Anforderungen des § 126a I,II BGB genügen können. Natürlich kann auch ein Agent den Namen seines Benutzers einem elektronischen Dokument hinzufügen und dieses mit einer qualifizierten Signatur versehen. Doch hat dann Fall *der Aussteller* der Erklärung diese Handlung vorgenommen?

Dafür spricht der Wortlaut des Paragraphen. Wenn ein Benutzer durch seinen Agenten Erklärungen erstellen und diese signieren lassen kann (was, wie bereits gezeigt wurde, der Fall ist), so spricht nichts dagegen, auch das Hinzufügen des Namens durch Agenten durchführen zu lassen.

Gegen diese Auslegung sprechen aber der Zweck des § 126a BGB und die weitreichenden Folgen, die mit seiner Anwendbarkeit verbunden sind: Die elektronische Form ersetzt nach § 126 III BGB die Schriftform, „wenn sich nicht aus dem Gesetz ein anderes ergibt". Zwar bestehen solche Ausnahmen, doch der Grundsatz der Gleichwertigkeit von elektronischer Form und Schriftform gibt Anlass genug zu einer restriktiven Auslegung der Vorschrift.

Wiebe kommt in [Wieb02, S. 439 f.] zu dem Ergebnis, die qualifizierte elektronische Signatur erfülle die Funktionen der Schriftform[12] in wesentlichen Punkten gleichwertig und nimmt davon lediglich die Warnfunktion aus – nur die Eingabe der PIN, falls diese nicht gespeichert sei, könne eine solche Wirkung entfalten.

Auch die Gesetzesbegründung des § 126a I BGB [RegF00, S. 15ff.] sieht die Warnfunktion zum Einen durch Einlegen der Chipkarte, Eingabe der PIN, Auslösen der Signaturfunktion in der verwendeten Software und Versand der Erklärung und zum anderen durch die Belehrung des Signaturschlüssel-Inhabers durch den Zertifizierungsdiensteanbieter nach § 6 II SigG gewährleistet. Jedoch geht sie auch davon aus, dass die Schriftform derzeit zumindest aus subjektiver Sicht einen größeren Schutz vor Übereilung biete.

Auch, wenn dies nicht in der Gesetzesbegründung erwähnt wird, so spricht somit Vieles dafür, dass das Hinzufügen des Namens zusätzlich die Erfüllung der Warnfunktion sicherstellen soll – aus technischer Sicht jedenfalls ist es nicht nötig, den Namen, der ohnehin aus dem verwendeten Zertifikat hervorgeht, auch noch dem signierten Text hinzuzufügen.

Wenn Agenten nun autonom Erklärungen erstellen und der Signaturschlüsselinhaber diesen Prozess nur anstößt, die einzelne Erklärung aber vor deren Absenden nicht mehr zu Gesicht bekommt, so ist die Warnfunktion weder durch die Identifikation mittels Besitz und Wissen noch durch den elektronischen Versand der Erklärung erfüllt; auch das Hinzufügen des Namens kann seinen Zweck nicht mehr erfüllen, wenn es automatisiert geschieht. Es bleibt also nur die Belehrung durch den Zertifizierungsdiensteanbieter, um die Warnfunktion herzustellen. Allerdings kann bezweifelt werden, ob diese ausreicht – vielmehr muss davon ausgegangen werden, dass sie nur das Bewusstsein über die Bedeutung des Identifikationsvorgangs schärfen kann. Nach dessen Abschluss ist der Erklärende sich aber womöglich nicht über die Bedeutung

[12] Im Einzelnen: Abschluss-, Perpetuierungs-, Identitäts-, Echtheits-, Verifikations-, Beweis- und Warnfunktion.

einzelner abgegebener Erklärungen bewusst.

Insgesamt ist also die Funktionsäquivalenz zwischen elektronischer Form und Schriftform, die in der Gesetzesbegründung (vgl. [RegF00, S. 15]) als Voraussetzung für deren Gleichstellung genannt ist, im Fall automatisch oder autonom erstellter Erklärungen gerade nicht mehr gegeben. Erklärungen in elektronischer Form können also durch Agenten nicht erstellt werden. Nach § 125 BGB führt die Nichteinhaltung von Formvorschriften zur Nichtigkeit der Erklärung.

Mit diesem Ergebnis ergibt sich allerdings ein neues Problem. Im Fall des implementierten Multiagentensystems ist zwar offensichtlich, dass die ausgetauschten Nachrichten nicht durch Menschen erzeugt sind. Doch ist auch das Generieren von Erklärungen durch die automatische Aneinanderreihung von Textbausteinen, die mit dem Namen einer natürlichen Person versehen und qualifiziert signiert werden, denkbar. Diese wären nicht von durch die Person selbst erstellten Erklärungen unterscheidbar – somit könnte also die Situation entstehen, dass der Empfänger nicht beurteilen kann, ob die ihm zugegangene Erklärung die elektronische Form erfüllt. Eine Lösung könnte in Literatur und Rechtsprechung zur Blankounterschrift liegen. Nach Jauernig (in [Jaue99, § 126 Rn. 6]) deckt die Blankounterschrift die errichtete Urkunde i.d.R. so wie die nachträgliche Unterschrift. Entsprechend wird man davon ausgehen können, dass eine Erklärung, deren automatische Erstellung nicht erkennbar ist, die elektronische Form erfüllen kann.

Beweis im Zivilprozess

§ 371a I ZPO lautet:

> Auf private elektronische Dokumente, die mit einer qualifizierten elektronischen Signatur versehen sind, finden die Vorschriften über die Beweiskraft privater Urkunden entsprechende Anwendung. Der Anschein der Echtheit einer in elektronischer Form vorliegenden Erklärung, der sich auf Grund der Prüfung nach dem Signaturgesetz ergibt, kann nur durch Tatsachen erschüttert werden, die ernstliche Zweifel daran begründen, dass die Erklärung vom Signaturschlüssel-Inhaber abgegeben worden ist.

Es wird also ein *Anscheinsbeweis* für die Echtheit der Erklärung begründet. Unproblematisch ist die Einordnung, wenn die elektronische Form tatsächlich erfüllt ist. Doch was gilt für elektronische Dokumente, die zwar mit einer qualifizierten elektronischen Signatur versehen sind, aber nicht der elektronischen Form genügen bzw. bei denen es sich nicht um Erklärungen handelt?

Der Gesetzeswortlaut spricht dafür, dass diese keinen Anscheinsbeweis begründen – sonst hätte der Gesetzgeber in § 371a I ZPO nicht auf die elektronische Form (§ 126a

BGB)[13], sondern auf § 2 Nr. 3 SigG (qualifizierte elektronische Signatur) verwiesen. Gegen diese Auffassung spricht, dass die Beweisfunktion der elektronischen Form durch die zusätzlichen Voraussetzungen des § 126a BGB im Vergleich zu § 2 Nr. 3 SigG nicht tangiert wird. Verstärkt wird lediglich die Warnfunktion. Auch die Gesetzesbegründung ([RegF00, S. 24f.] für die alte Fassung des § 292a ZPO bzw. [RegJ04, S. 34] für die neue Fassung des § 371a I ZPO) gibt keinen Hinweis darauf, warum die Beweiseignung eines Dokuments davon abhängen soll, ob es sich um eine Erklärung handelt und der Erklärende seinen Namen hinzugefügt hat. Mit Jungermann [Jung03, S. 71][14] kann also davon ausgegangen werden, dass die Voraussetzungen einer Analogie gegeben sind. Auch, wenn die elektronische Form nicht gewahrt wird, sind also die Voraussetzungen für den Anscheinsbeweis des § 371A I ZPO bei Dokumenten gegeben, die mit einer qualifizierten elektronischen Signatur versehen sind. Insbesondere gilt dies auch für durch Agenten erstellte (qualifiziert signierte) Erklärungen.

4.8 Weiterentwicklung zur Autorisation von Transaktionen

§ 5 II SigG sieht die Möglichkeit vor, dass ein qualifiziertes Zertifikat Attribute, d.h. Angaben über seine Vertretungsmacht für Dritte oder sonstige persönliche Daten, enthalten kann. Alternativ können nach § 7 II SigG auch reine Attributzertifikate ausgestellt werden. Es liegt nah, diese Möglichkeit auch für von Agenten vorgenommene Transaktionen zu benutzen.

Ein Problem liegt jedoch darin, dass der Agent keine Person ist, sondern letztendlich der Benutzer *durch* den Agenten Erklärungen abgibt und diese signiert. Folglich liegt auch kein Fall der Stellvertretung vor (vgl. Abschnitt 3.3), und es kann keine Vertretungsmacht eingeschränkt werden.

Weiterhin kann der Benutzer eines Agenten auch nicht für diesen ein qualifiziertes Zertifikat ausstellen (insbesondere auch keines, das auf seinen eigenen Namen lautet, aber zusätzliche, einschränkende Attribute enthält) – dies ist nach § 2 Nr. 7 SigG Zertifizierungsdiensteanbietern vorbehalten, die die Voraussetzungen der §§ 4-14 SigG erfüllen. Der Benutzer, der qualifizierte digitale Signaturen selbst erstellen und in einem eingeschränkten Anwendungsbereich auch durch Agenten erstellen lassen will, benötigt also ein Zertifikat für den eigenen Gebrauch sowie eines für den Einsatz durch seine Agenten.

Attribute könnten z.B. beschreiben, welche Art von Geschäften ein Agent durchführen und bis zu welcher Höhe er finanzielle Verpflichtungen eingehen darf.

[13] Der Verweis auf § 126a BGB wurde zwar mit Überführung der Regelung aus § 292a in § 371a I ZPO entfernt. Die Gesetzesbegründung [RegJ04, S. 34] deutet jedoch darauf hin, dass weiterhin die elektronische Form des § 126a BGB gemeint ist.

[14] bezogen auf § 292a ZPO a.F.

Es stellt sich nun die Frage nach der technischen Realisierung. Der Einfachheit halber und da die Programmiersprache Java in der aktuellen Version keine Unterstützung für reine Attributzertifikate beinhaltet, wird davon ausgegangen, dass die verwendeten Attribute in den eingesetzten ID-Zertifikaten abgelegt werden sollen.

Möglich wäre dies in den Erweiterungsfeldern, die der X.509-Standard in der aktuellen Version 3 vorsieht. Auch hier besteht jedoch ein grundlegendes Problem.

In Frage käme die Erweiterung „Subject Directory Attributes", wie sie in [HFPS99, Abschnitt 4.2.1.9] beschrieben ist. Jedoch muss diese Erweiterung dem Standard nach als „nicht kritisch" markiert werden – das bedeutet, dass sie ignoriert werden darf, falls der Prüfende sie nicht kennt (s. [HFPS99, Einleitung zu Abschnitt 4.2]). Praktisch hätte dies zur Folge, dass das Zertifikat und mit ihm die Signatur akzeptiert würde, ohne dass Nutzungseinschränkungen greifen müssten.

Drei Lösungen dieser Problematik sind denkbar:

- Es wäre möglich, den Standard zu ignorieren und die Erweiterung als kritisch zu markieren. Jedoch bestehen ernste Zweifel, ob man sich bei sicherheitsrelevanten Anwendungen darauf verlassen sollte, dass der jeweilige Kommunikationspartner damit korrekt umgeht.
- In einem Rahmenvertrag könnte vereinbart werden, dass (entgegen dem Standard) bei der Signaturprüfung auch die genannte Erweiterung zu berücksichtigen ist. Diese Lösung würde die Flexibilität des Agenteneinsatzes erheblich verringern.
- Ansonsten könnte auch eine neue Erweiterung definiert werden, die als kritisch zu markieren wäre. Hierzu müsste ein Object Identifier, also eine einmalige, die Erweiterung kennzeichnende Zeichenkette, beantragt werden. Offensichtlich ist dies der aufwendigste, aber auch vielversprechendste Lösungsansatz.

Die Signatur-Interoperabilitätsspezifikation (SigI) des Bundesamts für Sicherheit in der Informationstechnik [BGGS99, S. 77] schlägt einen Zwischenweg ein: Dort wird eine neue Erweiterung *monetaryLimit* definiert, die jedoch als nicht-kritisch zu kennzeichnen ist. Dies wird mit den Interoperabilitätsanforderungen an die verwendeten Zertifikate begründet; SigI-konforme Systeme müssen die Erweiterung aber kennen.

Eine solche Lösung ist jedoch abzulehnen. Die Interoperabilität mit Systemen, die diese Zertifikatserweiterung nicht kennen, soll gerade *nicht* erreicht werden. Die Signaturprüfung soll in diesem Fall fehlschlagen, denn sonst wird der Zweck der gewünschten Beschränkung der Verfügungsmacht eines Agenten nicht erreicht. Somit bleibt die Spezifikation einer neuen, als kritisch markierten Erweiterung als einziger tragbarer Lösungsweg.

Die tatsächliche Implementierung des vorgeschlagenen Autorisationsmechanismus ist nicht Bestandteil dieser Arbeit; es kann jedoch davon ausgegangen werden, dass sie mit recht geringem Aufwand realisiert werden könnte. An dieser Stelle sei darauf hingewiesen, dass auf diese Weise nur der Umfang einer einzelnen Transaktion kontrolliert, ein Angreifer aber nicht daran gehindert werden könnte, eine größere Anzahl an Transaktionen vorzunehmen als vorgesehen.

4.9 Fazit

In diesem Kapitel wurde ein Signaturmechanismus beschrieben, mit dessen Hilfe die Kommunikation von Agenten abgesichert werden kann. Die juristische Untersuchung hat gezeigt, dass der Mechanismus (mit wenigen Anpassungen) die Anforderungen an eine fortgeschrittene elektronische Signatur erfüllen kann. Auch der Einsatz qualifizierter elektronischer Signaturen steht Agenten prinzipiell offen; der damit verbundene Beweiswert (Anscheinsbeweis) im Zivilprozess könnte eine erhebliche praktische Bedeutung erlangen. Die Erfüllung der elektronischen Form durch Agenten ist jedoch nicht möglich, sofern die maschinelle Erstellung abgegebener Erklärungen nach außen hin ersichtlich ist.

Vielversprechend erscheint der Einsatz elektronischer Signaturen für die Autorisation von Transaktionen. Indem Agenten mit Attributzertifikaten ausgestattet werden, können die Gefahren gemindert werden, die durch die Autonomie eines Agenten entstehen. Zwar reduziert diese Einschränkung des Verhaltensspielraums auch den Nutzen der Autonomie, aber durch die geeignete Wahl von Attributen kann hier eine einigermaßen feine Abstimmung vorgenommen werden.

Nachdem in den letzten Kapiteln untersucht wurde, wie Agenten zum Vertragsschluss eingesetzt werden können und wie die Vertragsverhandlungen durch den Einsatz elektronischer Signaturen gesichert werden können, beschäftigen sich die nächsten Kapitel mit der Effizienzsteigerung durch Vertragsstrafe und Reugeld. Zunächst werden diese dazu aus juristischer Sicht skizziert.

Kapitel 5

Vertragsstrafe und Rücktritt gegen Reugeld

In den Abschnitten 2.6.4 und 2.6.5 wurde dargelegt, wie Vertragsstrafen und Reugelder die Effizienz des Marktgeschehens erhöhen können. Wichtige Voraussetzung, um diesen potentiellen Effizienzgewinn realisieren zu können, ist die Kenntnis des rechtlichen Rahmens beider Instrumente. Daher sollen Vertragsstrafe und Reugeld in diesem Kapitel aus juristischer Sicht dargestellt werden. Es soll an dieser Stelle lediglich eine Einführung in das Themengebiet gegeben werden; zur Vertiefung sei auf [vSta01], [Geil03] und [Pala03] verwiesen.

5.1 Vertragsstrafe

Die Vertragsstrafe (§§ 339-345 BGB) ist eine Leistung, die der Schuldner dem Gläubiger in einem Vertrag für den Fall der Nicht- oder Schlechterfüllung verspricht (vgl. Heinrich in [Pala03, vor §§ 339-343, Rn. 1]). Sie ist also aufschiebend bedingtes Leistungsversprechen (Rieble in [vSta01, vor §§ 339 ff., Rn. 1]). Sie wird nur fällig, wenn der Versprechende die Nicht- oder Schlechterfüllung zu vertreten hat; diese Voraussetzung ist jedoch abdingbar (Heinrichs in [Pala03, § 339 Rn. 3]).

Die Vertragsstrafe wird vertraglich vereinbart, auch, wenn die Formulierung des § 339 BGB ein einseitiges „Versprechen" nahelegt [Gern89, S. 762].

Die Höhe der Vertragsstrafe muss nicht im Vorhinein feststehen; ihre Bestimmung kann einem Dritten oder auch dem Gläubiger überlassen werden (Rieble in [vSta01, vor §§ 339 ff., Rn. 79]).

5.1.1 Funktionen

Die Vertragsstrafe hat zwei Funktionen: Zum Einen ist sie Strafe, d.h. „repressive Sanktion für ein sollenswidriges Verhalten" (Rieble in [vSta01, vor §§ 339 ff., Rn. 25]). Zum Anderen hat sie auch Ersatzfunktion für den Schaden, der durch dieses sollenswidrige Verhalten eintritt.

Straffunktion

Die Vertragsstrafe hat Präventions- und Repressionsfunktion. Prävention bedeutet, dass das Verhalten des Schuldners im Vorfeld der Vertragserfüllung beeinflusst werden soll: Die Strafe ist ein (zusätzlicher) Anreiz, die geschuldete Leistung ordnungsgemäß zu erbringen (vgl. Rieble in [vSta01, vor §§ 339 ff., Rn. 13]). Das Vorenthalten einer Belohnung ist jedoch trotz gleicher Anreizfunktion keine Vertragsstrafe (Heinrichs in [Pala03, vor §§ 339 ff., Rn. 1]).

Mit Verletzung der durch die Vertragsstrafe gesicherten Pflicht kann die Präventionsfunktion nicht mehr erfüllt werden; die Repressionsfunktion tritt dann in den Vordergrund. Ohne Repression wäre aber auch die Präventionsfunktion hinfällig (vgl. Rieble in [vSta01, vor §§ 339 ff., Rn. 24]). Repression bedeutet Bestrafung dessen, der seine Leistung nicht oder nicht gehörig erbracht hat – jedoch ist die Strafe dennoch nicht mit Strafen des Strafgesetzbuchs oder Privatstrafen des anglo-amerikanischen Raums vergleichbar, denn sie ist im Gegensatz zu diesen im Vorhinein zwischen den Parteien vereinbart (vgl. Rieble in [vSta01, vor §§ 339 ff., Rn. 25 f.]).

Ersatzfunktion

Neben der Straf- wird die Vertragsstrafe auch durch ihre Ersatzfunktion charakterisiert. Zwar bestehen in Fällen, in denen eine vereinbarte Vertragsstrafe fällig wird, in der Regel auch Schadensersatzansprüche nach den allgemeinen schuldrechtlichen Vorschriften. Dennoch ist die Vereinbarung einer Vertragsstrafe für den Gläubiger vorteilhaft[1]: Im Gegensatz zum Schadensersatz erfordert die Vertragsstrafe nicht den Nachweis eines Schadens oder gar einer konkreten Schadenshöhe. Dies findet auch seinen Ausdruck in § 340 II und § 341 II BGB: Demnach ist die Vertragsstrafe auch Mindestschadensersatz. Ein höherer Schaden kann dennoch geltend gemacht werden – in diesem Fall ist jedoch wieder der aufwendigere Weg über die allgemeinen schuldrechtlichen Bestimmungen zum Schadensersatz zu beschreiten.

Die Tilgungsbestimmung kann abbedungen werden; in diesem Fall hat die Vertragsstrafe nur noch Straffunktion (vgl. Rieble in [vSta01, vor §§ 339 ff., Rn. 35]).

[1] In [vSta01, vor §§ 339 ff., Rn. 32] spricht Rieble gar von einer an sich ungerechtfertigten Bereicherung des Empfängers, da Ziel der Vertragsstrafe nicht die Begünstigung des Empfängers, sondern die „Bestrafung" des Schuldners sei.

5.1.2 Abgrenzung

Eine Reihe von Rechtsinstituten ist der Vertragsstrafe ähnlich: hier seien selbständiges Strafversprechen, pauschalierten Schadenersatz, Reugeld, Garantievertrag, Verfallklauseln und Beschleunigungsvergütungen genannt (vgl. auch [Geil03, S. 10-22]). Die Unterscheidung ist jedoch relevant, da von ihr abhängt, welche Rechtsfolgen beim Fehlverhalten einer Partei eintreten. An dieser Stelle werden die wichtigsten Institute von der Vertragsstrafe abgegrenzt; die Abgrenzung zum Reugeld findet sich in Abschnitt 5.2.3.

Selbständiges Strafversprechen

Die Vertragsstrafe sichert eine Primärverpflichtung; sie setzt also das Bestehen einer solchen Verpflichtung voraus. Dagegen besteht das selbständige Strafversprechen ohne eine Primärpflicht [Lare82, S. 351]. Beispiel ist die Absicherung eines lediglich moralisch bindenden Versprechens [Lare82, S. 352] wie der Zusicherung, das Rauchen aufzugeben.

Zwar sind selbständiges Strafversprechen und Vertragsstrafe unterschiedliche Rechtsinstitute[2]. Jedoch lassen sich Teile der Bestimmungen über Vertragsstrafen auf das selbständige Strafversprechen anwenden. Dies gilt nach § 343 II BGB für die Herabsetzung einer unverhältnismäßig hohen Strafe durch Urteil; analog anwenden lassen sich § 339 BGB, aus dem die Voraussetzung des Vertretenmüssens gefolgert wird, sowie § 344 BGB: demnach ist das Strafversprechen unwirksam, wenn die Zusage, deren Einhaltung gesichert werden soll, „von der Rechtsordnung missbilligt oder an die Wahrung einer Form geknüpft wird" [Lare82, S. 352 f.].

Pauschalierter Schadensersatz

Pauschalierter Schadensersatz bedeutet, dass die Vertragsparteien für den Fall des Entstehens einer Schadensersatzverpflichtung einen Mindestbetrag als Schadensersatz festlegen; dem Geschädigten bleibt aber die Möglichkeit, einen höheren Schaden nachzuweisen (vgl. [Lare82, S. 353]). Wie bei der Vertragsstrafe können Transaktionskosten dadurch verringert werden, dass der Nachweis der konkreten Schadenshöhe in den meisten Fällen wegfällt. Unterschied zur Vertragsstrafe ist die fehlende Straffunktion – die Abgrenzung ist jedoch schwierig. Nach [Lare82, S. 354] liegt die Schadenspauschalierung dann vor, wenn das Entstehen eines Schadens vorausgesetzt und lediglich die Höhe des „typischerweise zu erwartenden Schadens" fixiert wird. Rieble (in [vSta01, vor §§ 339 ff., Rn. 60]) nimmt als Abgrenzungskriterium „die primäre Zielsetzung, die die Vereinbarung nach dem Willen der Vertragsparteien haben soll". Soll hauptsächlich Druck auf den Schuldner ausgeübt werden, so handelt es sich um eine Vertragsstrafe.

[2] h.M., so [Lare82, S. 351], [Geil03, S. 10 f.]; anderer Auffassung Rieble in [vSta01, vor §§ 339 ff., Rn. 5].

Indiz dafür ist die Höhe der vereinbarten Zahlung (Rieble in [vSta01, vor §§ 339 ff., Rn. 60]). Wichtigste Konsequenz der Eigenschaft als Vertragsstrafe ist die Möglichkeit, sie (falls sie unverhältnismäßig hoch ist) nach § 343 I BGB herabzusetzen. Auch die herabgesetzte Strafe wird i.d.R. aber höher sein als der typischerweise zu erwartende Schaden, da das Sicherungsinteresse des Gläubigers bei der Bemessung der herabgesetzten Strafe zu berücksichtigen ist [Lare82, S. 354].

Garantievertrag

Auch die Garantie hat mit der Vertragsstrafe die Ersatzfunktion gemein, fungiert jedoch nicht als Druckmittel (Rieble in [vSta01, vor §§ 339 ff., Rn. 38]). Die Garantie kann sich sowohl auf vergangene als auch auf zukünftige Umstände erstrecken (auf die der Versprechende keinen Einfluss hat); auch ein in der Vergangenheit liegendes Verhalten des Garanten kann ihr Gegenstand sein, nicht jedoch sein zukünftiges Verhalten. Vertretenmüssen ist keine Voraussetzung [Geil03, S. 18].

Die Vertragsstrafe auf der anderen Seite wird nur verwirkt, wenn der Versprechende den Eintritt einer Bedingung, also eines zukünftigen ungewissen Ereignisses (vgl. Heinrichts in [Pala03, vor § 158, Rn. 1]), zu vertreten hat. Mit Vereinbarung einer Vertragsstrafe, bei der das Erfordernis des Vertretenmüssens abbedungen wird, entsteht ein garantieähnliches Strafversprechen, auf das die Vorschriften der §§ 339 ff. anzuwenden sind. [3]

5.2 Rücktritt gegen Reugeld

5.2.1 Allgemeines zum Rücktritt

Rücktritt ist die „Rückgängigmachung eines Schuldverhältnisses durch eine empfangsbedürftige Willenserklärung“ [BrWa02, § 18, Rn. 1]. Das Recht, von einem Vertrag zurückzutreten, kann gesetzlich gewährt (z.B. § 437 II BGB beim Kauf einer mangelhaften Sache) oder vertraglich vereinbart werden.

Mit dem Rücktritt wird aus dem Schuldverhältnis *ex nunc* (mit Wirkung für die Zukunft) ein Rückgewährschuldverhältnis [BrWa02, § 18, Rn. 2]. Daraus folgt, dass eine eventuell vorher entstandene Schadensersatzpflicht wegen Verletzung einer Vertragspflicht (§ 280 BGB) weiterhin besteht.

Soweit die Leistungen aus dem Schuldverhältnis noch nicht erbracht worden sind, erlöschen sie mit dem Rücktritt [BrWa02, § 18, Rn. 16]. Bereits empfangene Leistungen

[3] [Geil03, S. 19], anderer Auffassung Rieble in [vSta01, vor §§ 339 ff., Rn. 40]: demnach ist bei Vertragsstrafen stets das Erfordernis des Vertretenmüssens gegeben, andernfalls handle es sich um eine Garantie, und §§ 339 ff. seien nicht anwendbar.

sind nach § 346 I BGB zurückzugewähren, bereits gezogene Nutzungen herauszugeben.

Eine Frist, die bis zur Erklärung des Rücktritts einzuhalten ist, ist durch Gesetz nicht vorgeschrieben, kann jedoch vertraglich vereinbart werden [BrWa02, § 18, Rn. 14]. Nach § 350 BGB kann jedoch der Rücktrittsgegner dem zum Rücktritt Berechtigten eine angemessene Frist setzen; wird der Rücktritt binnen dieser Frist nicht erklärt, so erlischt das Rücktrittsrecht (§ 350 S. 2 BGB).

5.2.2 Reugeld

Allgemeines

Das Reugeld ist eine Gegenleistung für die Ausübung eines vertraglich vereinbarten Rücktrittsrechts oder eines vertraglich eingeräumten Rechts, ein Schuldverhältnis (z.B. durch Kündigung) vorzeitig zu beenden [Gern89, S. 751 f.]. Praktisch besteht diese Gegenleistung fast immer in Geld [Gern89, S. 751]. Reugelder sind wenig verbreitet(vgl. Kaiser in [vSta01, § 359 Rn. 1]); sie werden beispielsweise im Börsenterminhandel eingesetzt (Kaiser in [vSta01, § 359, Rn. 9]).[4]

Das Reugeld ist in § 353 BGB[5] geregelt. Dieser besagt, dass eine Rücktrittserklärung unwirksam ist, wenn das vereinbarte Reugeld nicht spätestens bei der Erklärung entrichtet wird und der Vertragspartner die Rücktrittserklärung *deshalb* unverzüglich[6] zurückweist. Der Erklärende kann die Wirksamkeit dann jedoch durch unverzügliches Entrichten des Reugelds wieder herstellen. Wird das Reugeld nicht entrichtet, aber die Erklärung nicht zurückgewiesen, so wird der Rücktritt wirksam, und der Anspruch auf Zahlung des Reugelds bleibt bestehen (Kaiser in [vSta01, § 359, Rn. 15]). § 353 BGB ist abdingbar (Kaiser in [vSta01, § 359, Rn. 7]).

Durch die Vereinbarung eines Reugelds soll der Rücktritt nicht ausgeschlossen, wohl aber eine Hemmschwelle errichtet werden [Gern89, S. 752]. Mit der Höhe des Reugelds kann die Wahrscheinlichkeit gesteuert werden, mit der ein Rücktritt erfolgen wird. Das Reugeld erlaubt also, die mit einem Vertragsschluss verbundene Unsicherheit auf die Vertragsparteien zu verteilen. Bei einem niedrigen Reugeld wird der Rücktrittsberechtigte leicht den Wunsch zum Rücktritt verspüren; die andere Partei hat dann ein höheres Risiko, dass die (für sie womöglich noch vorteilhafte) ursprüngliche Vereinbarung nicht zur Ausführung kommt. Dieses Risiko wird durch ein höheres Reugeld gesenkt; damit sinkt aber der Nutzen des Rücktrittsrechts für den Berechtigten: Er muss einen höheren Anteil der Kosten, die sich durch die Unsicherheit ergeben, selbst tragen.

Trotz dieser Steuerungswirkung ist das Reugeld kein fein abgestimmtes Instrument,

[4] [Geil03, S.16] nennt als zusätzliches Beispiel Maklerverträge, stellt jedoch gleichzeitig fest, diese Abreden seien dort meist als Vertragsstrafen zu qualifizieren.

[5] Vor der Schuldrechtsreform: § 359 BGB; eine inhaltliche Änderung fand nicht statt.

[6] Ohne schuldhaftes Zögern, § 121 I BGB.

denn das Reugeld ist unabhängig von den Gründen, die für den Rücktritt ausschlaggebend sind, stets in voller Höhe zu zahlen [Gern89, S. 752]; der Interessenausgleich zwischen den Parteien erfolgt einmalig zum Zeitpunkt des Vertragsschlusses.

Um sinnvoll eingesetzt werden zu können, sollte das Reugeld nicht höher sein als die Leistung, die der Berechtigte zu erbringen hätte, wenn er sein Rücktrittsrecht nicht ausübte. Sind beide Beträge gleich hoch, so ergibt sich der Effekt einer Erwerbsgarantie; dennoch handelt es sich um ein Reugeld [Gern89, S. 752]. Beispiel ist die Provisionsgarantie eines Grundstücksmaklers [Gern89, S. 752]. Die Vereinbarung eines noch höheren Reugelds ist nicht ausgeschlossen[7] (Vertragsfreiheit), wird jedoch nur in seltenen Fällen sinnvoll sein.

Abgrenzung

In diesem Abschnitt soll das Reugeld lediglich von Draufgabe, Vertragsauflösungsschadenspauschale und Abstandszahlung abgegrenzt werden; diese Institute sind dem Reugeld ähnlich, da in allen Fällen beim Rücktritt vom Vertrag bzw. Auflösung des Vertrags eine Leistung durch die Partei zu erbringen ist, die ein Interesse daran hat, sich vom Vertrag zu lösen. Die Institute unterscheiden sich jedoch in ihrer Zielsetzung vom Reugeld. Die Abgrenzung zur Vertragsstrafe findet sich in Abschnitt 5.2.3.

Draufgabe: Die Draufgabe, die „als Zeichen des Abschlusses des Vertrages" (§ 336 I BGB) gezahlt wird, ist nach § 336 II BGB im Zweifel kein Reugeld. Der wesentliche Unterschied liegt im Sicherungszweck [Gern89, S. 753].

Eine Draufgabe ist bei Rücktritt vom Vertrag grundsätzlich zurückzugewähren (§ 337 II BGB); wird zulässigerweise vereinbart, sie solle gleichzeitig als Reugeld dienen, so besteht der Rückgewähranspruch jedoch nicht [Gern89, S. 753]. § 359 BGB ist dann regelmäßig nicht anwendbar, da das Reugeld (die Draufgabe) bereits bei Vertragsschluss entrichtet wurde, das Zurückweisungsrecht somit abbedungen wurde (Kaiser in [vSta01, § 359, Rn. 3].

Vertragsauflösungsschadenspauschale: Wird eine Pauschale für den Schadensersatz vereinbart, den eine Partei für die Vertragsauflösung schuldet, so liegt keine Reugeldvereinbarung vor: Das Reugeld ist Gegenleistung für den erlaubten Rücktritt vom Vertrag – in diesem Fall wird gerade kein Schadensersatz fällig (vgl. Kaiser in [vSta01, § 359, Rn. 5]).

Abstandszahlung: Die Abstandszahlung ist Entgelt für die Vertragsauflösung durch Aufhebungsvertrag (vgl. Kaiser in [vSta01, § 359, Rn. 6]). § 359 BGB ist nicht anwend-

[7] Anderer Auffassung [Gern89, S. 753]; siehe dazu Abschnitt 5.2.3.

bar, denn statt einer einseitigen Gestaltungserklärung (der Rücktrittserklärung) liegt ein Vertrag vor (Kaiser in [vSta01, § 359, Rn. 6]).

5.2.3 Abgrenzung zwischen Vertragsstrafe und Reugeld

Die Abgrenzung zwischen Vertragsstrafe und Reugeld erfolgt anhand der Funktionen beider Instrumente: Die Vertragsstrafe dient als Druckmittel, eine Partei zur Einhaltung eines Vertrags zu motivieren. Fällig wird sie, wenn die Leistung aus dem Vertrag nicht oder nicht gehörig erbracht wurde. Das Reugeld hingegen ist eine echte Gegenleistung für die *erlaubte* Lösung vom Vertrag (vgl. Rieble in [vSta01, vor §§ 339 ff., Rn. 43]). Während das Reugeld den Erfüllungsanspruch ausschließt, tritt der Anspruch auf Zahlung der Vertragsstrafe neben den Erfüllungsanspruch [Geil03, S. 16]. Bei Nichterfüllung kann der Gläubiger zwischen Vertragsstrafe und Erfüllung wählen (§ 340 BGB), bei nicht gehöriger Erfüllung tritt der Anspruch auf Zahlung der Strafe neben den Erfüllungsanspruch (§ 341 BGB).

Die Vorschriften der § 339 ff. BGB sind deshalb nicht auf das Reugeld anwendbar (h.M.; s. [Geil03, S. 16 f.], mit weiteren Nachweisen). Umstritten ist jedoch die Anwendung des § 309 Nr. 6 BGB, der in einer unglücklichen Formulierung[8] („für den Fall, dass der andere Teil sich vom Vertrag löst") ein Klauselverbot für Vertragsstrafenvereinbarungen in Allgemeinen Geschäftsbedingungen begründet. Der dort verwendete Begriff der Vertragsstrafe unterscheidet sich aber nicht von dem der §§ 336 ff. BGB (Rieble in [vSta01, vor §§ 339 ff., Rn. 45]); § 309 Nr. 6 BGB ist also nicht auf Reugelder anwendbar. Dies hat zur Folge, dass Reugelder im Gegensatz zu Vertragsstrafen in Allgemeinen Geschäftsbedingungen vereinbart werden können, falls nicht andere Bestimmungen dem entgegenstehen.

Es kann jedoch Fälle geben, in denen sich aus der Vereinbarung nicht unmittelbar ergibt, ob eine Vertragsstrafe oder ein Reugeld gewollt ist. In diesen Fällen kann die Höhe des vereinbarten Betrags ein Indiz sein: Wie bereits erwähnt, ist die Vereinbarung eines Reugelds, das einen höheren Wert hat als die eigentlich zu erbringende Leistung, wohl nicht sinnvoll. In diesem Fall spricht vieles dafür, dass eigentlich eine Vertragsstrafe gewollt ist (vgl. dazu [Gern89, S. 753], der dabei allerdings mit der Behauptung, von einem Reugeld könne gewiss nicht mehr gesprochen werde, wenn mehr als die vertraglich bedungene Leistung gefordert werde, zu weit geht: Die Parteien sind frei, ein Reugeld beliebiger Höhe zu vereinbaren – der Betrag kann also nur *im Zweifelsfall* ein Indiz dafür sein, ob Vertragsstrafe oder Reugeld gewollt ist).

[8] so Rieble in [vSta01, vor §§ 339 ff., Rn. 45] bzgl. der identischen Formulierung im früheren § 11 Nr. 6 AGBG (Gesetz zur Regelung des Rechts der Allgemeinen Geschäftsbedingungen).

5.3 Fazit

In diesem Kapitel wurden Vertragsstrafe und Reugeld aus juristischer Sicht vorgestellt und gegeneinander abgegrenzt. Diese rechtswissenschaftliche Betrachtung zeigt auch die Ansatzpunkte für die Untersuchung des Einsatzes beider Instrumente in Verträgen, die unter Einsatz von Softwareagenten geschlossen werden: Ein vereinbartes Rücktrittsrecht kann den Nutzen eines Akteurs dadurch steigern, dass es ihm die Möglichkeit gibt, sich von einem Vertrag zu lösen, der sich im Nachhinein als unvorteilhaft herausstellt. Die zusätzliche Vereinbarung eines Reugelds gleicht die somit entstandene Benachteiligung des Vertragspartners aus. Interessant ist der Einsatz dieses Instrumentes nur, wenn zu erwarten ist, dass sich der Nutzen einer Partei aus dem Vertrag verändert.

Die Vertragsstrafe hingegen dient (neben der Ersatzfunktion) dazu, einen Vertragspartner zur Einhaltung einer ohnehin schon vorhandenen Pflicht zu motivieren. Hier bietet sich also eine Untersuchung an, ob die Vereinbarung von Vertragsstrafen dazu führt, dass sich die Bereitschaft eines Akteurs, zusätzlich in die Einhaltung des Vertrags zu investieren, erhöht. Diese wird in den folgenden Kapiteln durchgeführt; zunächst wird dazu ein Multiagentensystem entworfen, das als Grundlage hierfür dienen kann.

Kapitel 6

Szenario

In diesem Kapitel soll ein Szenario entwickelt werden, anhand dessen das Potenzial von Agentenverträgen sowie der Instrumente Reugeld und Vertragsstrafe untersucht werden kann. Dieses Szenario wird in den folgenden Kapiteln die Grundlage zur Entwicklung eines Multiagentensystems und zur Evaluierung der mit diesem System gewonnenen Ergebnisse bilden.

6.1 Anforderungen an das Szenario

Da anhand dieses Szenarios exemplarisch die Vorzüge des Vertragsschlusses durch Softwareagenten untersucht werden sollen, sollten diese Vorzüge im Szenario auch zum Tragen kommen. Wesentlich ist hierbei die Möglichkeit komplexer Vertragsgestaltungen, die insbesondere bei Unsicherheit einen Vorteil bietet.

Auch sollten die Auswirkungen der geschlossenen Verträge über mehrere Stufen einer Lieferkette hinweg zu beobachten sein.

Andererseits ist es jedoch sinnvoll, einfache Geschäfte zu betrachten, um Fehler vermeiden und die Ursachen beobachteter Effekte mit begrenztem Aufwand finden zu können.

6.2 Beschreibung des Szenarios

Ausgangspunkt für das zu entwerfende Szenario soll das bereits in der Einleitung erwähnte Beispiel des Blumenhandels sein. Betrachtet wird eine Versorgungskette, in der ein Blumenproduzent an einen oder mehrere Großhändler, ein Großhändler an einen oder mehrere Einzelhändler und ein Einzelhändler wiederum an beliebig viele Verbraucher liefern kann.

Die genannten Akteure schließen miteinander Verträge; die Vertragsverhandlungen sind dabei nur zu bestimmten Zeiten möglich, nämlich alle sechs Stunden (rundenbasierte Simulation).

Die Zeit, die für die Auslieferung der Handelsware von je einem an den nachgelagerten Akteur gebraucht wird, ist konstant und für jeden Abschnitt der Lieferkette identisch.

Unsicherheit entsteht im Szenario durch das Wetter, das starken Schwankungen unterliegt; die Akteure erhalten jedoch eine (nicht immer korrekte) Wettervorhersage. Die Akteure können versuchen, diese Unsicherheit durch Rücktritts- und Vertragsstrafenvereinbarungen zu kompensieren.

6.3 Handelsware

Gehandelt werden Blumen. Die Haltbarkeit ist begrenzt (und konstant); ab einem gewissen Alter kann ein Akteur die Blumen nicht mehr verkaufen. Mit der Lieferung an einen in der Lieferkette nachgelagerten Akteur verlängert sich die Haltbarkeit: Blumen können für den Verkauf durch einen Einzelhändler noch geeignet sein, aufgrund der Lieferzeiten jedoch bereits nicht mehr für den Verkauf durch einen Produzenten (kein Akteur würde Blumen kaufen, die bei Ankunft bereits nicht mehr haltbar sind).

6.4 Akteure

6.4.1 Produzent

Der *Produzent* produziert Blumen. Die Produktion dauert eine gewisse (konstante) Zeit; es können jedoch beliebig viele Blumen gleichzeitig produziert werden. In jeder Runde entstehen Fixkosten und variable Kosten in Abhängigkeit der gerade produzierten Blumen. Lagerkosten entstehen nicht.

Der Produzent hat ein Anfangsbudget und bekommt außer Kaufpreiszahlungen keine weiteren Einzahlungen. Gegebenenfalls muss er eine Vertragsstrafe entrichten.

6.4.2 Groß- und Einzelhändler

Groß- und Einzelhändler kaufen jeweils Blumen ein und verkaufen sie wieder. Dabei entstehen ihnen weder Lager- noch Lieferkosten. Allerdings tragen sie das Risiko, dass die im Lager befindlichen Blumen nicht weiterverkauft werden können und mit Ablauf ihrer Haltbarkeit vernichtet werden müssen.

Händler haben ein Anfangsbudget; sie erhalten und entrichten Kaufpreis- und Reugeldzahlungen sowie Vertragsstrafen.

6.4.3 Verbraucher

Verbraucher beziehen Blumen von Einzelhändlern. Wie viele Blumen sie kaufen möchten, entscheiden sie anhand einer wetterabhängigen Nutzenfunktion. Verbraucher haben ein Anfangsbudget und ein konstantes Einkommen pro Periode. Sie entrichten Kaufpreis- und Reugeldzahlungen und erhalten gegebenenfalls Vertragsstrafen.

6.5 Mögliche Evaluierungskriterien

Ein wesentliches Ziel der Implementierung ist, die Vorteilhaftigkeit von Vertragsstrafen- und Reugeldvereinbarungen zu untersuchen. Dafür ist es wesentlich, Allokationen miteinander vergleichen zu können – dies ermöglicht die Entscheidung, ob sich mit oder ohne Vertragsstrafe bzw. Reugeld bessere Allokationen ergeben.

Was ist nun *besser*? In den Wirtschaftswissenschaften hat sich zum Vergleich von Allokationen das Kriterium der *(Pareto-)Effizienz* bewährt. Demnach ist eine Allokation Pareto-dominiert, wenn von ihr ausgehend mindestens ein Akteur besser gestellt werden kann, ohne einen anderen schlechter zu stellen. Eine Pareto-effiziente (Pareto-optimale) Allokation ist eine Allokation, die von keiner anderen Pareto-dominiert wird (vgl. [MiRo92, S. 23]).

Jedoch ist dieses Kriterium nicht ausreichend, denn beim Vergleich von jeweils zwei Allokationen ist nicht sichergestellt, dass eine der beiden Pareto-dominiert wird.

Es wäre nun denkbar, als weiteres Kriterium die (gewichtete) Summe der erreichten Nutzenwerte bzw. die Budgets der einzelnen Akteure heranzuziehen. Sofern Nutzenwerte verglichen werden, ist diese Summe aber nicht aussagekräftig, denn die Nutzenwerte verschiedener Akteure sind nicht vergleichbar. Auch ist es nicht sinnvoll, stattdessen Budgets zu vergleichen, wenn Akteure existieren, die keine Gewinn-, sondern Nutzenmaximierung betreiben.

Sofern also keine Pareto-dominierte Allokation gefunden wird, können lediglich Aussagen über Nutzen bzw. Gewinne der Akteure unter verschiedenen Rahmenbedingungen getroffen werden.

Das nächste Kapitel hat den Entwurf eines Multiagentensystems auf Grundlage des in diesem Kapitel entworfenen Szenarios zum Inhalt.

Kapitel 7

Systemkonzeption

In diesem Kapitel soll ein System entworfen werden, das als Beispiel für die Umsetzung der Mechanismen zur Unsicherheitsreduktion dienen kann.

Es hat sich herausgestellt, dass klassische, rein objektorientierte Entwurfsmechanismen für die Entwicklung von Multiagentensystemen (MAS) nicht ausreichend sind. Von den verschiedenen agentenorientierten Entwicklungsmethoden wird in diesem Kapitel zunächst die Gaia-Methode vorgestellt. Ihre Anwendung steht im Mittelpunkt des Kapitels; anschließend wird noch genauer auf den Entwurf der einzelnen Agenten eingegangen.

7.1 Die agentenorientierte Entwicklungsmethode Gaia

Die Gaia-Methode, vorgeschlagen in [WoJK00], basiert auf dem Vergleich eines Agentensystems mit einer Gesellschaft oder Organisation, deren Mitglieder eine oder mehrere Rollen innehaben können.

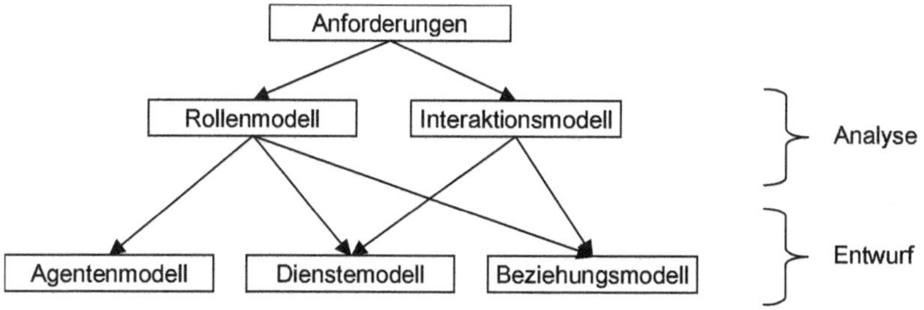

Abbildung 7.1: Modelle der Gaia-Entwicklungsmethode (nach [WoJK00, S. 287])

Die Methode lässt sich in die Phasen Analyse und Entwurf unterteilen. In der *Analysephase* werden zunächst die Rollen im System identifiziert. Auf Basis des resultierenden Rollenmodells werden die Protokolle (Interaktionsmuster) zwischen den einzelnen Rollen konstruiert; je nach Bedarf kehrt man dann zum ersten Schritt zurück, um das Rollenmodell weiter auszuarbeiten (vgl. [WoJK00, S.295]).

In der *Entwurfsphase* werden Rollen zu Agententypen aggregiert und die Instanzen der Agenten dokumentiert (Agentenmodell). Das Dienstemodell beschreibt die Dienste, die die verschiedenen Rollen zur Verfügung stellen, und das Beziehungsmodell besteht aus einem gerichteten Graphen, aus dem hervorgeht, zwischen welchen Agententypen Kommunikationsbeziehungen bestehen.

Eine Übersicht über die verschiedenen Modelle der Gaia-Methode findet sich in Abbildung 7.1.

Der Eignung von Gaia für die Entwurfsaufgabe in dieser Arbeit steht entgegen, dass die Methode nicht für den Fall divergierender Eigeninteressen verschiedener Agenten gedacht ist (vgl. [WoJK00, S. 286]); die Entwickler halten eine entsprechende Erweiterung von Gaia jedoch für möglich.

Da Gaia eine bewährte Entwurfsmethode ist, wird sie trotz der genannten Einschränkung verwendet. Es schließt sich eine Betrachtung der einzelnen Agenten an, um Strategien für die individuelle Nutzenmaximierung zu erarbeiten.

7.2 Systementwurf mit Gaia

7.2.1 Analyse

Rollenmodell

Die Rollen, die es im zu entwerfenden Multiagentensystem zu berücksichtigen gilt, ergeben sich zunächst aus dem Szenario (vgl. Kapitel 6). Demnach existieren in dem System folgende Akteure:

- Verbraucher
- Einzelhändler
- Großhändler
- Produzenten

Im ersten Schritt der Gaia-Entwurfsmethode sollen jedoch nicht Akteure, sondern Rollen identifiziert werden. Statt wie in der objektorientierten Modellierung gemeinsame Eigenschaften von Systemelementen durch Vererbung zu berücksichtigen, kann dies unter Verwendung von Gaia durch die Abstraktion zu Rollen geschehen[1].

[1]Eigentlich ist die Identifikation der Rollen der erste Schritt in der Gaia-Methode, die Akteure zu diesem Zeitpunkt üblicherweise noch nicht gegeben – es spricht jedoch nichts dagegen, die Rollen aus den vorgegebenen Akteuren abzuleiten.

Es ergeben sich dann folgende Rollen:

- Produzent
- Verkäufer
- Käufer

Da mehrere dieser Rollen vom Umweltzustand (Wetter) abhängen, könnte es sinnvoll sein, eine Rolle „Wettergenerator“ vorzusehen. Weil einer solchen Rolle jedoch wesentliche Eigenschaften eines Agenten fehlen würden, wird das Wetter auf andere Weise modelliert werden.

Weitere denkbare Rollen wären Signaturprüfer, Signaturerzeuger und Wetterempfänger. Auf die ersten beiden wird verzichtet, da die Signaturprüfung als Basisdienst vorgesehen ist. Für die Rolle des Wetterempfängers spricht, dass mehrere Akteure vom Umweltzustand abhängig sind; eine generische Beschreibung könnte demnach angemessen sein. Andererseits ist die Auswertung des Umweltzustands zwischen den Akteuren sehr unterschiedlich. Deshalb wird auf die Einführung einer eigenen Rolle verzichtet.

Eine Beschreibung der einzelnen Rollen findet sich in den Abbildungen 7.4, 7.3 und 7.2. Darin sind Aktivitäten (entsprechen Methoden in objektorientierten Programmiersprachen) unterstrichen.

Die Verantwortlichkeiten unterteilen sich in liveness properties und safety properties: Liveness properties sind Eigenschaften, die sicher stellen, dass Aktionen ausgeführt werden. Safety properties sind Invarianten, die nicht verletzt werden dürfen. Der Punkt zwischen zwei liveness properties bedeutet sequenzielle Ausführung, das ω unendliche Wiederholung. Eckige Klammern kennzeichnen optionale Aktivitäten bzw. Protokolle.

Interaktionsmodell

Der zweite Teil der Gaia-Entwurfsmethodik ist das Interaktionsmodell. Es besteht aus einer Menge von Protokolldefinitionen, die die Interaktionen zwischen den einzelnen Rollen beschreiben.

Die vorgesehenen Protokolle werden der Übersichtlichkeit halber nicht in der Notation aus [WoJK00] dargestellt, sondern in Tabellenform (Tabelle 7.1) entsprechend der Notation aus [MoPS03]). Es handelt sich um ein Vertragsverhandlungsprotokoll sowie Protokolle zur Erklärung eines Rücktritts bzw. zum Einfordern einer Vertragsstrafe.

Rollenschema: Produzent

Beschreibung:
Ein Produzent produziert in Abhängigkeit der Nachfrage Blumen.

Protokolle und Aktivitäten:
Blumen produzieren

Berechtigungen:
—

Verantwortlichkeiten:
Liveness:
PRODUZENT = (Blumen produzieren)$^{\omega}$
Safety:

- Budget > 0

Abbildung 7.2: Schema der Rolle Produzent

Rollenschema: Verkäufer

Beschreibung:
Ein Verkäufer verhandelt mit potenziellen Käufern und verkauft diesen Blumen.

Protokolle und Aktivitäten:
Vertrag aushandeln, Rücktrittserklärung entgegennehmen, Strafforderung entgegennehmen, Bestand prüfen, Profitabilität prüfen, Budget neu berechnen. Lager bereinigen

Berechtigungen:
—

Verantwortlichkeiten:
Liveness:
VERKÄUFER = (Bestand prüfen.Vertrag aushandeln.Rücktrittserklärung entgegennehmen.Strafforderung entgegennehmen. Profitabilität prüfen.Budget neu berechnen.Lager bereinigen)$^{\omega}$
Safety:

- Budget > 0

Abbildung 7.3: Schema der Rolle Verkäufer

Rollenschema: Käufer

Beschreibung:

Ein Käufer empfängt Wetterdaten, legt diese seinen Kaufentscheidungen zugrunde und verhandelt mit einem Verkäufer.

Protokolle und Aktivitäten:

Umweltzustand auswerten, Budget neu berechnen, Lager bereinigen, Kaufmenge bestimmen, Vertrag aushandeln, Rücktritt erklären, Vertragsstrafe fordern

Berechtigungen:

Wetterdaten lesen.

Verantwortlichkeiten:

Liveness:

KÄUFER = (Umweltzustand auswerten.Budget neu berechnen.Lager bereinigen.Kaufmenge bestimmen.Vertrag aushandeln.[Rücktritt erklären].[Vertragsstrafe fordern])$^{\omega}$

Safety:

- Budget > 0

Abbildung 7.4: Schema der Rolle Käufer

Protokoll	Vertrag aushandeln	Rücktritt erklären	Vertragsstrafe fordern
Initiator	Käufer	Käufer	Käufer
Empfänger	Verkäufer	Verkäufer	Verkäufer
Reaktion des Empfängers	Zustimmen, ablehnen oder Gegenvorschlag unterbreiten	Zustimmen, ablehnen	Zustimmen, ablehnen
Zweck	Vertragsinhalt festlegen	Vom Vertrag lösen	Strafe einfordern
Parameter	Liefermenge, Preis, Vertragsstrafen- und Reugeldkonditionen	Vertrag	Vertrag

Tabelle 7.1: Interaktionsmodell

Agent	Rollen	Instanzen
Verbraucher	Käufer	beliebig viele
Einzelhändler	Käufer, Verkäufer	beliebig viele
Großhändler	Käufer, Verkäufer	beliebig viele
Blumenproduzent	Produzent, Verkäufer	beliebig viele

Tabelle 7.2: Agentenmodell

Abbildung 7.5: Beziehungsmodell

7.2.2 Entwurf

Agentenmodell

In diesem Schritt der Gaia-Entwurfsmethode ist die Zuweisung der in der Analysephase definierten Rollen an Agententypen und konkrete Instanzen vorgesehen. Die Agententypen sind in der vorliegenden Arbeit bereits durch das Szenario größtenteils vorgegeben; die Zuordnung der Rollen findet sich in Tabelle 7.2.

Dienstemodell

In der Gaia-Nomenklatur ist ein Dienst ein zusammenhängender Aktivitätsblock. Jedem Protokoll wird mindestens ein Dienst zugeordnet.

An dieser Stelle wird darauf verzichtet, Aktivitäten einen Dienst zuzuordnen, da sie lediglich interne Bedeutung für den Agenten haben. Ihre genaue Ausgestaltung wird stattdessen in der Phase der objektorientierten Modellierung, die sich an den Gaia-Entwurf anschließt, stattfinden.

Somit bleiben im Rahmen des Dienstemodells lediglich Vertragsaushandlung, Vertragsstrafenforderungen und Rücktritte zu betrachten.

Das Gaia-Dienstemodell ist in Tabelle 7.3 dargestellt.

Beziehungsmodell

Das Beziehungsmodell ist ein gerichteter Graph, der darstellt, zwischen welchen Agententypen Kommunikationsbeziehungen bestehen. Eine Kante von Knoten a zu Knoten b bedeutet, dass Agent a eine Nachricht an Agent b sendet. Über den Inhalt der Kommunikation wird keine Aussage getroffen. Das Gaia-Beziehungsmodell ist in Abbildung 7.5 dargestellt.

Dienst	Eingabe	Ausgabe	Vorbedingung	Nachbedingung
Vertrag aushandeln (Initiator)	–	Vertragsangebot	–	Ein ausgehandelter Vertrag ist für den jeweiligen Agenten vorteilhaft.
Vertrag aushandeln (Antwortender)	Vertragsangebot	–	–	
Vertragsstrafe fordern (Initiator)	–	Forderung	Vertrag wurde nicht eingehalten, Vertragsstrafe war vereinbart	Vertragsstrafe gutgeschrieben oder Widerspruch verarbeitet[2]
Vertragsstrafe fordern (Antwortender)	Forderung	Bestätigung oder Widerspruch		Vertragsstrafe abgezogen oder Forderung widersprochen
Zurücktreten (Initiator)	–	Rücktrittserklärung	Rücktrittsrecht war vereinbart	Kaufpreis gutgeschrieben, Reugeld abgezogen
Zurücktreten (Antwortender)	Rücktrittserklärung	Bestätigung oder Widerspruch		Kaufpreis abgezogen, Reugeld gutgeschrieben

Tabelle 7.3: Dienstemodell. Initiator und Antwortender einer Vertragsverhandlung können nach einer Runde die Rollen tauschen, wenn der Antwortende einen Gegenvorschlag macht.

7.3 Verfeinerung des Gaia-Entwurfs

In den letzten Abschnitten wurde die agentenorientierte Entwicklungsmethode Gaia vorgestellt und angewandt. Somit liegen nun Modelle über die Aufgaben der Agenten und ihr Zusammenwirken vor. Im nächsten Schritt müssen die gewonnenen Ergebnisse operationalisiert werden, so dass eine Umsetzung in JADE-Agenten möglich wird.

[2]Wenn der Forderung widersprochen wird, so ist die Entscheidung über das weitere Vorgehen vom Benutzer des Agenten zu erfragen oder ggf. die Entscheidung eines Schiedsgerichts einzuholen.

7.3.1 Strategien der Agenten

Nutzenfunktionen

Zentral ist zunächst die Frage nach der Art der Entscheidungsfindung. Da die Agenten des zu entwerfenden Systems ökonomische Akteure repräsentieren, bietet sich an, das in der Ökonomie zur Beschreibung von Entscheidungssituationen verwendete Konzept der Nutzenfunktionen zu übernehmen: Jeder Akteur hat von einer bestimmten Allokation einen gewissen Nutzen und handelt so, dass dieser maximiert wird.

Güternutzen: Zunächst wird betrachtet, welches aus mehreren möglichen Güterbündeln ein Akteur bevorzugt: Der Akteur hat eine Nutzenfunktion, die von der Menge jedes einzelnen möglichen Gutes abhängt[3].

Ein Beispiel: Betrachtet werden die Güter *Blumen* und *Geld*. Sei nun die Nutzenfunktion

$$u(f,m) = 3 \cdot f + m \text{ (f: Anzahl Blumen, m: Geld (in €))}$$

gegeben. Dann hat der Akteur lieber drei Blumen und einen Euro als keine Blume und fünf Euro: Sein Nutzen im ersten Fall wäre 10, im zweiten Fall nur 5.

Solange eine Entscheidung sicher zu einem bestimmten Zeitpunkt zu einer bestimmten Allokation führt, alle anzustrebenden Ziele auf eine Nutzenfunktion abgebildet werden können, reicht es aus, ordinale Nutzenfunktionen zu betrachten [BaCo00, S. 36]. Im obigen Beispiel könnte dann nur die Aussage getroffen werden, *dass* der Akteur die erstgenannte Allokation bevorzugt.

Bei einer kardinalen Nutzenfunktion kann auch ausgesagt werden, *wie sehr* eine bestimmte Allokation bevorzugt wird. Betrachtet man Entscheidungen unter Unsicherheit, so sind kardinale Nutzenfunktionen vonnöten. Der nächste Abschnitt wird illustrieren, wieso.

von Neumann-Morgenstern-Nutzen: Es sei nun ein Akteur angenommen, der sich der folgenden Entscheidungssituation gegenüber sieht:

Er hat ein Budget von zwei Euro und damit die Möglichkeit, eine Blume für den folgenden Tag zu kaufen (an dem die Geschäfte geschlossen sind). Mit einer Wahrscheinlichkeit von 50% wird es an diesem Tag regnen, und er kann die Blume nicht genießen. Wenn er die Blume kauft und es regnet, hat er also einen Nutzen von 0. Kauft er die Blume und es regnet nicht, so liegt sein Nutzen bei 3. Kauft er keine Blume, so ist ihm der Nutzenwert 2 sicher. Dieses Beispiel ist in Tabelle 7.4 illustriert.

[3]Allgemein zu Güternutzenfunktionen [BaCo00, S. 35 ff.]

	Regen *(p = 0,5)*	**Sonnenschein** *(p = 0,5)*
Blume kaufen	0	3
Nicht kaufen	2	2

Tabelle 7.4: Beispielhafte Entscheidungssituation bei Unsicherheit

Der Nutzenerwartungswert beträgt 1,5, falls der Akteur eine Blume kauft, und 2, falls er das nicht tut. Ein *risikoneutraler* Akteur würde im Beispiel also nichts kaufen. Ein besonders *risikofreudiger* Akteur hingegen wäre vielleicht bereit, das Risiko eines Nutzens von 0 einzugehen, wenn er im Gegenzug die Aussicht auf den höheren Nutzenwert 3 hat.

Formal lässt sich diese Neigung, ein Risiko einzugehen, mit einer *von Neumann-Morgenstern-Nutzenfunktion*[4] darstellen. Sei diese gegeben als

$$\mathrm{u}_{vnm}(u_g) = \mathrm{a} \cdot \mathrm{u}_g^b$$

Der Risikoaversionsgrad (absolute Risikoaversion) dieser Nutzenfunktion ist abhängig vom Nutzenniveau: Er beträgt $\frac{1-b}{u_g}$. Während b direkt den Risikoaversionsgrad beeinflusst, dient a der Skalierung. Für a = $\frac{1}{b}$ und b $\in]-\infty;1[\setminus 0$ ist der Akteur risikoavers, und die Funktion gehört zur HARA[5]-Klasse (vgl. [BaCo00, S. 99]): Die absolute Risikoaversion ist umgekehrt proportional zum Nutzenniveau. Je höher also der bereits vorhandene Nutzenwert des Akteurs ist, desto eher ist dieser bereit, ein Risiko einzugehen.

Der Akteur wird nun versuchen, den Erwartungswert des von Neumann-Morgenstern-Nutzens zu maximieren. Dieser Wert berechnet sich als

$$\mathrm{E}\ \mathrm{u}_{vnm}(\mathrm{X}) = \sum_{i=1}^{n} p_i \cdot \mathrm{u}_{vnm}(u_{g,i})$$

$$\text{mit} \begin{cases} \mathrm{X} & \text{Zufallsvariable} \\ \mathrm{E}\ \mathrm{u}_{vnm}(\mathrm{X}) & \text{Nutzenerwartungswert} \\ \mathrm{n} & \text{Anzahl der möglichen Umweltzustände} \\ \mathrm{p}_i & \text{Wahrscheinlichkeit, dass Zustand i eintrifft} \\ {}_{vnm}(u_{g,i}) & \text{Güternutzen im Zustand i} \end{cases}$$

Wird nun *a* auf den Wert 1 und *b* auf den Wert 3 gesetzt (liegt also ein risikofreudiger Akteur vor) sowie als Güternutzenfunktion u_g die Funktion aus Tabelle 7.4 zugrunde gelegt, so ergibt sich folgende Entscheidungsfindung des Akteurs:

Die Entscheidung für den Kauf führt zu einem erwarteten von Neumann-Morgenstern-Nutzen von 13,5, nämlich

[4]Auch als Utility-Funktion, Bernoulli-Nutzen, Bernoulli-Funktion, Risiko-Nutzen oder Risikopräferenzfunktion bezeichnet; vgl. [BaCo00, S. 87]

[5]hyperbolic absolute risk aversion

$$0{,}5 \cdot 1 \cdot 0^3 \qquad \text{(1. Fall: Es regnet)}$$
$$+\,0{,}5 \cdot 1 \cdot 3^3 \qquad \text{(2. Fall: Die Sonne scheint)}$$

Die Entscheidung, nicht zu kaufen, führt zu einem erwarteten von Neumann-Morgenstern-Nutzen von 8, nämlich

$$0{,}5 \cdot 1 \cdot 2^3 \qquad \text{(1. Fall: Es regnet)}$$
$$+\,0{,}5 \cdot 1 \cdot 2^3 \qquad \text{(2. Fall: Die Sonne scheint)}$$

Der Konsument wird also eine Blume kaufen. Ein anderer Konsument, bei dem der Parameter b den Wert 1 hat, der also risikoneutral ist, wird sich hingegen anders entscheiden: Die Entscheidung für den Kauf führt bei ihm nur zu einem von Neumann-Morgenstern-Nutzenwert von nur 1,5 – kauft er nicht, liegt dieser Wert bei 2.

Somit wird auch deutlich, wieso zur Betrachtung von Entscheidungen unter Unsicherheit kardinale Nutzenfunktionen nötig sind. Bei einer ordinalen Nutzenfunktion könnte der Nutzen von 3, den eine Blume bei Sonnenschein hat, auch bei 30 oder 300 liegen, denn die Reihenfolge der Alternativen würde dadurch nicht verändert. Setzt man in den aufgeführten Beispielen jedoch diesen veränderten Wert ein, so zeigt sich, dass eine Entscheidung unter Unsicherheit durch diese Änderung beeinflusst werden könnte.

In der Implementierung aller Agenten des entworfenen Systems wird die Möglichkeit angelegt, Entscheidungen aufgrund von Nutzenfunktionen zu treffen. Jedoch muss diese nicht notwendigerweise von allen Agenten benutzt werden.

Einzelne Agenten

Verbraucher-Agenten: Der *Verbraucher* entscheidet über seine Einkäufe aufgrund einer von Neumann-Morgenstern-Nutzenfunktion, in die wiederum eine Güternutzenfunktion einfließt. Um die Entscheidungsfunktion allgemein zu halten, wird die Bestellmenge trotz eines negativen Effekts auf die Laufzeit durch einfaches Ausprobieren ermittelt.

Händler-Agenten: Die *Händler* folgen einer einfachen s,S-Bestellpolitik: Sobald die gelagerte Warenmenge (inkl. bereits getätigter Bestellungen, exkl. bereits zugesagter Lieferungen) unter einen Schwellwert s fällt, wird eine Bestellung ausgelöst, die sie wieder auf den Wert S auffüllt.

Die Nutzenfunktionen sind insofern nicht entscheidungsrelevant, werden aber dennoch zu Auswertungszwecken berechnet.

Produzenten-Agent: Der *Produzent* folgt prinzipiell dem gleichen Mechanismus wie die Händler; das Lager wird bei Unterschreiten einer Schwelle s auf den Wert S aufgefüllt. In jeder Runde entstehen fixe Kosten sowie variable Kosten in Abhängigkeit der Menge produzierter Güter.

7.3.2 Verhandlungsabläufe

Mechanismus

Der eingesetzte Verhandlungsmechanismus ist bei allen Agenten ähnlich. Zunächst ermittelt der Käufer seine gewünschte Bestellmenge und initiiert eine Ausschreibung. Der Verkäufer entscheidet aufgrund einer optimistischen Heuristik, ob die gewünschte Menge geliefert werden kann und schlägt andernfalls eine geringere Menge vor bzw. gibt kein Angebot ab, wenn zum gewünschten Termin überhaupt keine Lieferung möglich ist.

Anschließend wählt der Käufer das beste aller erhaltenen Angebote aus und bricht die Verhandlungen mit allen anderen Verkäufern ab. Mit dem gewählten Anbieter wird nun noch der Preis verhandelt.

Der Verkäufer bestimmt einen Wunschpreis und einen Mindestpreis; je mehr Verhandlungsschritte bereits erfolgt sind, desto mehr nähert sich sein Angebot dem Mindestpreis. Entsprechend bestimmt der Käufer Wunsch- und Höchstpreis und erhöht sein Angebot mit jeder Iterationsstufe. Dies geschieht so lange, bis ein akzeptables Angebot angenommen oder eine statisch festgelegte Höchstzahl an Verhandlungsschritten überschritten wird.

In der Klasse *VertragsAgent* sind Methoden enthalten, die den Nutzen bzw. die Kosten einer Reugeldvereinbarung ermitteln. Diese Kosten werden zum Mindest- bzw. Höchstpreis von Verkäufer und Käufer addiert.

Ein einmal abgeschlossener Vertrag wird lokal in einer Liste gespeichert, bis er erfüllt ist oder nicht mehr erfüllt werden kann.

Interaktionsprotokolle

Im Gaia-Entwurf wurde das Interaktionsprotokoll „Vertrag aushandeln" bereits beschrieben. Konkret soll es als *Iterated Contract Net Protocol* [Fipai] umgesetzt werden (vgl. Abbildung 7.6). Mittels dieses Protokolls, das durch JADE unterstützt wird, ist eine Invitatio ad offerendum (Call for proposal, CFP) an einen oder mehrere Agenten möglich. Jedes daraufhin eingehende Angebot kann angenommen, endgültig abgelehnt oder mit einem neuen CFP beantwortet werden. Mehrere Iterationen sind dabei möglich.

Der Agent, dessen Angebot angenommen wurde, informiert den Initiator des Protokolls schließlich über die Erfüllung der eingegangenen Verpflichtungen.

Die Protokolle „Vertragsstrafe fordern" und „Rücktritt erklären" werden jeweils durch das *Request Interaction Protocol [Fipak]* realisiert (vgl. Abbildung 7.7): Eine *Request*-Nachricht wird entweder mit einer *Agree*- (optional), gefolgt von einer *Inform*- oder *Failure*-Nachricht, oder mit einer *Refuse*-Nachricht beantwortet.

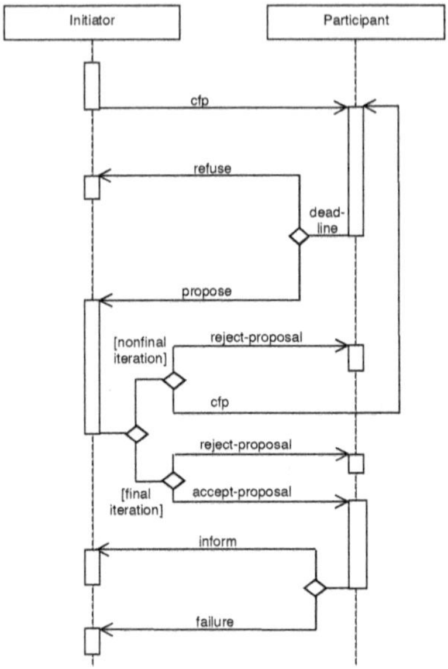

Abbildung 7.6: Das Iterated Contract Net Protocol (nach [Fipai])

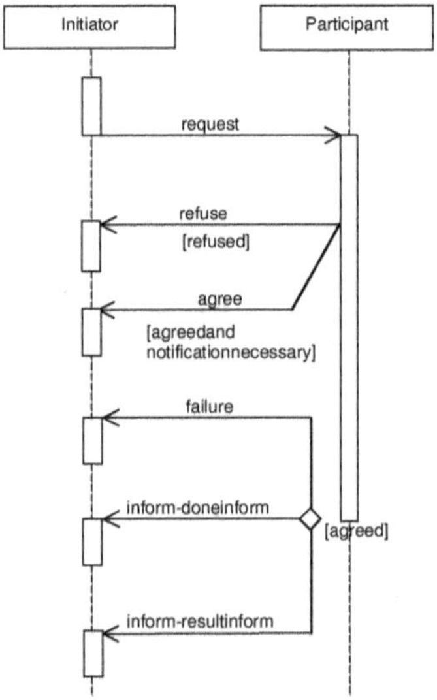

Abbildung 7.7: Das Request Interaction Protocol (aus [Fipak])

7.3.3 Objektorientierte Modellierung und Entwurf

Neben den in diesem Kapitel bereits diskutierten, agentenspezifischen Entwurfsaufgaben bleibt nun noch der „klassische" objektorientierte Entwurf. Es gilt, Objekte aus dem zu modellierenden System und ihre Beziehungen zu identifizieren, zu Klassen zusammenzufassen, Abstraktionen zu bilden und somit ein Modell zu gewinnen, das zu einer Implementierung in einer objektorientierten Programmiersprache führen kann. Da der Signaturmechanismus, der in Kapitel 4 beschrieben wurde, bei dieser Betrachtung zunächst außen vor bleiben soll, bleiben fünf Kategorien zu implementierender Klassen:

- Die eigentlichen Agenten. Sie beinhalten insbesondere die Mechanismen zur Entscheidungsfindung.
- Die Verhalten (Behaviours) der Agenten. Sie realisieren jeweils einen Dienst, wie er im Dienstemodell (Abschnitt 7.2.2 und Tabelle 7.3) beschrieben ist.
- Die graphische Benutzeroberfläche (Graphical User Interface, GUI).
- Sonstige (Hilfs-)klassen, z.B. Datentypen.
- Die Generierung der Umweltbedingungen.

Agenten

Vier verschiedene Agenten lassen sich direkt aus Szenario und Gaia-Entwurf ableiten:

- Produzent
- Großhändler
- Einzelhändler
- Verbraucher

Ausgehend von diesen Agenten lassen sich Abstraktionen bilden. So unterscheiden sich Groß- und Einzelhändler in ihrer Grundfunktionalität praktisch nicht; eine gemeinsame Oberklasse *Händler* kann also einen großen Teil ihrer Funktionen wahrnehmen.

Allgemein gibt es gemeinsame Charakteristika jeweils zwischen ein- und verkaufenden Agenten. Zur ersten Kategorie gehören Händler und Verbraucher, zur zweiten Händler und Produzent. Ideal wäre daher, zu Händler und Verbraucher eine Oberklasse *Nachfrager* sowie für Händler und Produzent eine Oberklasse *Lieferant* zu definieren. Allerdings wäre die Klasse Händler somit eine Spezialisierung zweier Oberklassen (Mehrfachvererbung) – dies ist in Java aber nicht möglich. Stattdessen wird nur die Oberklasse *Nachfrager* implementiert und eine Schnittstelle (Interface) *Lieferant* definiert. Somit kann die Implementierung gewisser Methoden durch alle Lieferanten (also Produzent und Händler) sichergestellt werden.

Da alle Eigenschaften der Agenten, die nicht mit einer konkreten Strategie verbunden sind, von allen Agenten im Szenario geteilt werden, werden diese in eine Klasse *VertragsAgent* ausgelagert. Diejenigen Methoden, die unabhängig von der Fähigkeit sind,

Verträge zu schließen, sind schließlich Bestandteil der Klasse *KomplexerAgent*.

Die genannten Klassen sind in einem Package[6] zusammengefasst, das in Abbildung 7.8 dargestellt ist.

Die Klasse *KomplexerAgent* beinhaltet Methoden zur Registrierung beim und zum Durchsuchen des DF. Durch Überschreiben der Methoden *setup()* und *takeDown()* der Klasse *jade.core.Agent* ist gewährleistet, dass beim Starten und Beenden des Agenten eine Registrierung bzw. De-Registrierung beim DF erfolgt.

Die umfangreichste Klasse ist der *VertragsAgent*. Seine wesentlichen Methoden lassen sich in vier Gruppen einteilen:

- *Simulationsmanagement:* Diese Methoden sind für die Interaktion mit der durch das Simulationsrahmenwerk bereitgestellten Umgebung zuständig. Sie lesen Datum und Wetterdaten aus der Datenbank, lösen bei Bedarf ein Anhalten oder Fortsetzen der Simulation aus und teilen dem Benutzer über graphische oder textuelle Oberfläche das aktuelle Simulationsergebnis mit.
- *Vertragsmanagement:* Diese Methoden operieren auf einer Liste der aktuellen, noch nicht abgewickelten Verträge. So können Verträge hinzugefügt (*addLaufenderVertrag()*) oder entfernt (*stornieren()*) werden. Bereits abgewickelte Verträge werden regelmäßig aus der Liste entfernt. Die Methode *zugesagteLieferungen()* gibt den Saldo der Blumenzahl zurück, die als ein- bzw. ausgehende Lieferungen bis zu einem gegebenen Zeitpunkt erwartet werden. Aufgrund der unbekannten Haltbarkeit eingehender Lieferungen ist sie auf eine Heuristik angewiesen. Aufbauend auf dieser Methode liefert die Methode *getAnzahlBlumen()* die Anzahl an zu einem gegebenen Zeitpunkt vorhandenen Blumen.
- *Unmittelbar entscheidungsbezogene Methoden* berechnen Güternutzen und von Neumann-Morgenstern-Nutzen gegebener Allokationen, berechnen Nutzen und Kosten, die durch das Schließen einer Reugeldvereinbarung entstehen und prüfen, ob eine Vertragsstrafe gefordert werden soll.
- Nur schwer in das Schema einordnen lassen sich die *sonstigen* Methoden: *liefern()* stößt den Prozess der (simulierten) Auslieferung von Waren an. Dazu wird eine Methode in der Klasse *Lager* aufgerufen. Die dazu benötigte Referenz auf das *Lager*-Objekt wird von der Methode *getMeinLager()* geliefert.

Die Klasse *Nachfrager* überschreibt die Methode *addLaufenderVertrag()*, um zusätzlich eine Liste der vereinbarten Einkaufspreise der Vergangenheit mitführen und aktualisieren zu können. Für den Fall, dass auf einen CFP hin mehrere Angebote eingetroffen sind, wird eine Methode angeboten, das beste davon auszuwählen; sie beruht auf paarweisem Vergleich. Die Methode *pruefeAngebot()* prüft ein einzelnes Angebot. Dieses kann angenommen, endgültig abgelehnt oder mit einem Gegenangebot beantwortet werden.

[6]Packages dienen in Java der Zusammenfassung zusammengehöriger Klassen

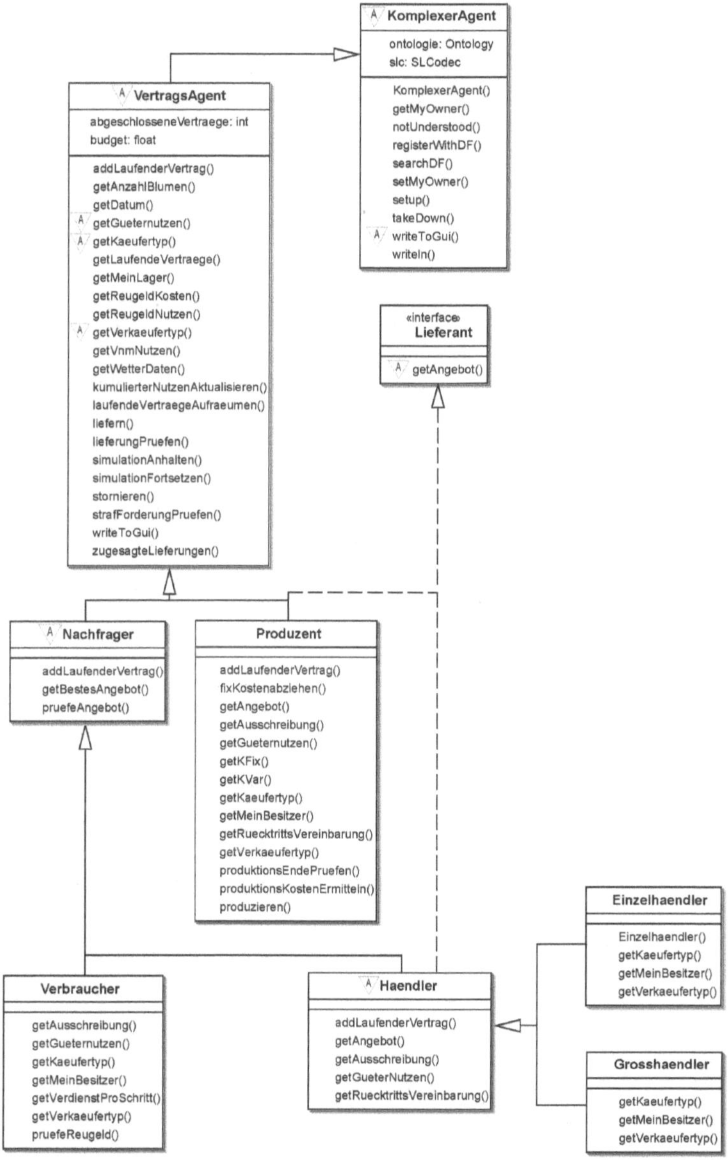

Abbildung 7.8: Klassendiagramm des Packages *agent*. Aus Gründen der Übersichtlichkeit ist nur eine Auswahl der Methoden und Felder dargestellt.

Auch die Klasse *Haendler* überschreibt die Methode *addLaufenderVertrag()*; sie führt eine Liste der vereinbarten Ein- und Verkaufspreise der Vergangenheit. Zusätzlich werden Methoden angeboten, die eigene Einkäufe auslösen (*getAusschreibung()*) und Verkaufsangebote als Reaktion auf erhaltene Ausschreibungen erstellen (*getAngebot()*). Die Methode *getAngebot()* greift dabei gegebenenfalls auf *getRuecktrittsVereinbarung()* zurück, um einen vorgeschlagenen Vertrag mit der Vereinbarung eines Rücktrittsrechts gegen Reugeld zu ergänzen. Die Methode *getGueternutzen()* der Klasse *VertragsAgent* wird überschrieben: Der Nutzen des Händlers entspricht einfach seinem Vermögen, wobei der Lagerbestand zu Verkaufspreisen bewertet wird.

Alle Klassen, von denen Instanzen gebildet werden können (*Produzent*, *Grosshaendler*, *Einzelhaendler*, *Verbraucher*), implementieren die Methoden *getKaeufertyp()* und *getVerkaeufertyp()*. Diese dienen dazu, beim Durchsuchen des DF den in der Lieferkette vor- bzw. nachgelagerten Agenten zu finden. Der Verkäufertyp des Einzelhändlers ist z.B. `Grosshaendler`, der Käufertyp `Verbraucher`.

Grosshaendler und *Einzelhaendler* beinhalten keine weitere Funktionalität; diese ist vollständig in der Klasse *Haendler* enthalten.

Die Klasse *Produzent* hingegen ist umfangreicher. Wie in *Nachfrager* und *Haendler* wird die Methode *addLaufenderVertrag()* überschrieben; sie aktualisiert eine Liste mit Verkaufspreisen, die in früheren Verträgen erzielt wurden. Außerdem werden in dieser Klasse Angebote erstellt. Wichtigster Unterschied zum Händler ist die Art, das Lager zu befüllen. Statt Ware einzukaufen, wird produziert. Neben der Methode *produzieren()*, die den Produktionsprozess anstößt, ist daran die Methode *produktionsEndePruefen()* beteiligt; diese wird regelmäßig aufgerufen und fügt Ware, deren Produktion abgeschlossen ist, aus einer internen Datenstruktur dem Lager hinzu. Mehrere Methoden dienen dazu, die Kosten, die durch die Produktion verursacht werden, zu ermitteln und vom Budget des Produzenten abzuziehen.

Die Klasse *Verbraucher* schließlich implementiert die Methode *getGueternutzen()*, die eine wetterabhängige Nutzenfunktion realisiert. Die Methode *getAusschreibung()* gibt eine Ausschreibung (Invitatio ad offerendum) zurück; die Anzahl der gewünschten Blumen wird in Abhängigkeit der von Neumann-Morgenstern-Nutzenfunktion bestimmt. Die Methode *pruefeReugeld()*, die in jeder Runde aufgerufen wird, prüft, ob von einem der noch nicht abgewickelten Verträge gegen Zahlung eines Reugelds zurückgetreten werden soll.

Verhalten

Um Protokollabläufe generisch implementieren zu können, wurde der größte Teil der Funktionalität in die Agenten-Klassen verlagert. Die *Verhaltensklassen (Behaviours)* bestimmen also nur zu einem kleinen Teil den Inhalt der versandten Nachrichten, wenn sie auch für dessen Codierung in der Sprache SL-0 verantwortlich sind.

Stattdessen werden die entsprechenden, im Abschnitt 7.3.3 bereits beschriebenen Methoden der Agenten-Klassen aufgerufen. Um die Verwendbarkeit der Verhalten für verschiedene Agententypen zu ermöglichen, dabei aber gleichzeitig zu gewährleisten, dass die aufzurufenden Methoden in der jeweils verwendeten Agentenklasse vorhanden sind, wurden sie als abstrakte Methoden in der jeweiligen Oberklasse (*Vertragsagent, Nachfrager*) bzw. Schnittstelle (*Lieferant*) definiert.

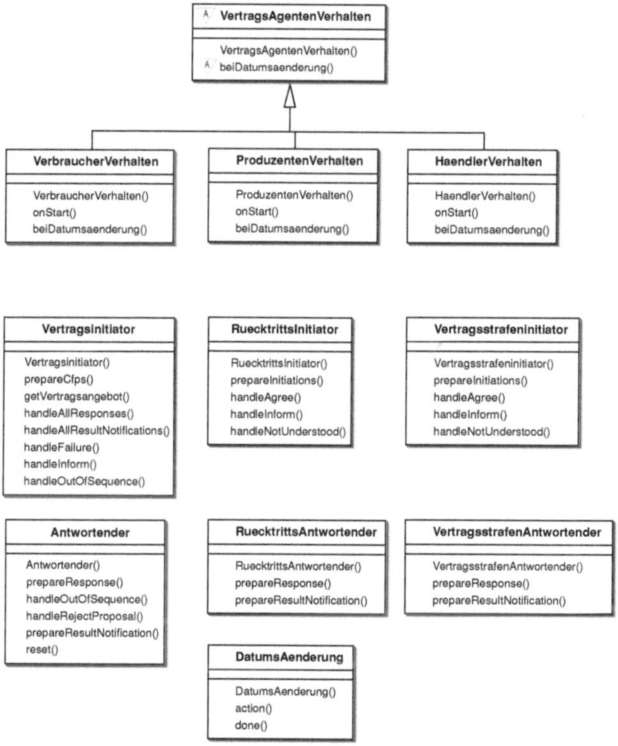

Abbildung 7.9: Klassendiagramm des Packages *verhalten*

Welche Verhalten nun im Einzelnen zu implementieren sind, ergibt sich aus dem Gaia-Dienstemodell.

Im Einzelnen sind dies (vgl. auch das UML-Klassendiagramm, Abbildung 7.9):

- Ein Verhalten *Vertragsinitiator*, das Vertragsverhandlungen initiiert. Da das Vertragsverhandlungsprotokoll als Iterated Contract Net Protocol spezifiziert ist, kann dieses Verhalten auf Basis der als Bestandteil von JADE vorhandenen Klasse *jade.proto. ContractNetInitiator* implementiert werden. Erschwert wird dies nur dadurch, dass dort mehrere Iterationsstufen nicht explizit unterstützt werden. Die Lösung besteht darin, den Protokollautomaten in den Startzustand zurückzuversetzen, wenn eine zweite (oder weitere) CFP-Nachricht zu versenden ist.

- Ein Verhalten *Antwortender*, das auf Angebote des Vertragsinitiators reagiert. Es wird von der Klasse *jade.proto.ContractNetResponder* abgeleitet; auch hier besteht das Problem der mangelhaften Unterstützung mehrerer Iterationsstufen, das auf die gleiche Weise gelöst wurde.
- Ein Verhalten *Vertragsstrafeninitiator*, das eine Vertragsstrafe von einem Zulieferer fordert. Das verwendete Request Interaction Protocol ist in JADE durch die Klasse *jade.proto.AchieveREInitiator* realisiert, von der der Vertragsstrafeninitiator also abgeleitet wird.
- Ein Verhalten *VertragsstrafenAntwortender*, das auf die Forderung einer Vertragsstrafe reagiert und von der Klasse *jade.proto.AchieveREResponder* erbt.
- Ein Verhalten *Rücktrittsinitiator*, dessen Implementierung der des Vertragsstrafeninitiators analog ist.
- Ein Verhalten *Rücktritsantwortender* vergleichbar dem Verhalten Vertragsstrafen-Antwortender.

Keinem der Agenten reicht jedoch ein einziges dieser Verhalten aus; vielmehr müssen (außer beim Verbraucher) stets mehrere parallel ausgeführt werden. Die Brücke zwischen den Agenten und den einzelnen Verhalten schlagen übergeordnete, agententypspezifische Verhalten. Gemeinsam ist diesen die Oberklasse *VertragsAgentenVerhalten*, die wiederum von *jade.core.behaviours.ParallelBehaviour* abgeleitet ist. Diesem Verhalten können mehrere, parallel ausgeführte Unterverhalten (Sub-Behaviours) hinzugefügt werden. So kann z.B. ein Händler gleichzeitig einen neuen Vertrag abschließen und die Rücktrittserklärung eines Kunden von einem alten Vertrag empfangen und verarbeiten.

Den Unterklassen des *VertragsAgentenVerhaltens* gemein ist die Methode *beiDatumsaenderung*. Diese wird vom Tochterverhalten *DatumsAenderung* aufgerufen, wenn sich die Simulationszeit geändert hat. Alle Aktionen, die genau einmal pro Runde durch den jeweiligen Agenten ausgeführt werden müssen, werden durch diese Methode ausgelöst.

Die einzelnen Unterklassen sind

- *VerbraucherVerhalten*. Da der Verbraucher in allen Protokollen lediglich Initiator ist, muss kein Unterverhalten registriert werden, das auf Nachrichten antwortet, die keiner Konversation zugeordnet sind.
- *HaendlerVerhalten*. Als Tochterverhalten werden *Antwortender*, *VertragsstrafenAntwortender* und *RuecktrittsAntwortender* registriert.
- *ProduzentenVerhalten*. Auch hier werden die Tochterverhalten *Antwortender*, *VertragsstrafenAntwortender* und *RuecktrittsAntwortender* registriert.

Das Verhalten *Datumsänderung* schließlich wacht darüber, ob das Datum, das aus der Datenbank ausgelesen wird, sich geändert hat. Dazu wird die Simulationszeit in regelmäßigen, konfigurierbaren Abständen aus der Datenbank gelesen und mit der des letzten Abrufs verglichen. Hat sich eine Änderung ergeben, so wird die Methode *beiDatumsAenderung()* des Mutterverhaltens aufgerufen.

Hilfsklassen

Neben den vorgestellten Klassen werden diverse Hilfsklassen verwendet. Im Wesentlichen handelt es sich um

- *Ontologie*-Klassen im Package *ontologie*. Diese stellen die mit Hilfe des *Bean generator*-Werkzeugs [Bean] automatisch aus der in Protégé-2000 [Prot] bearbeiteten Ontologie generierte Objekthierarchie dar; mit Hilfe eines in JADE enthaltenen Mechanismus kann diese Datenstruktur als Grundlage der Erzeugung SL-0-codierter Nachrichten dienen.
- Eine Klasse *DBCon*, die die Datenbankanbindung kapselt.
- Eine Klasse *Lager*, von der jedem Agenten eine Instanz zugeordnet ist. Sie greift auf die Tabelle *LagerInhalt* in der Datenbank zu und ist für alle Operationen zuständig, die das Lager betreffen – hierzu zählen beispielsweise simulierte Lieferungen oder das Entfernen nicht mehr haltbarer Ware.
- Diverse *Datentypen*, d.h. Klassen, die ausschließlich zur Datenhaltung verwendet werden. Hierzu gehört auch die Klasse *LokalerVertrag*: Zwar wird ein großer Teil der Daten auch intern in der durch die Ontologie vorgegebenen Repräsentation gehalten. Bei Verträgen ist es jedoch zweckmäßig, lokal einen effizienten Zugriff auf die eigenen Verpflichtungen und diejenigen des Vertragspartners zu ermöglichen, diese dabei aber auch unterscheiden zu können. Bei der Übertragung des Vertrags hingegen wird zu jeder Verpflichtung der jeweilige Schuldner angegeben. Somit ist der Vertrag auch ohne Kenntnis der Übertragungsrichtung verständlich. Daher werden Verträge lokal anders repräsentiert als bei der Interaktion mit Dritten. In der Klasse *LokalerVertrag* ist eine Methode für die Konvertierung enthalten.
- Zwei Klassen, die die *graphische Benutzeroberfläche* (GUI) realisieren. Die Klasse *VertragsAgentGui* ist dabei für die Darstellung der Benutzeroberfläche als Ganzes zuständig, die Klasse *VertragsGui* zeigt die geschlossenen, noch nicht abgewickelten Verträge in einer Baumdarstellung (vgl. auch Abbildung 7.10).

Simulationsumgebung

Die Klasse *Simulation* ist kein Agent. Sie operiert als eigenständige Applikation ausschließlich auf der Datenbank und kommuniziert nicht direkt mit den Agenten des Systems. Nach Start der Simulation durch den Benutzer sorgt sie für das Fortschreiten der simulierten Zeit, sobald kein Agent sich mehr in einer Konversation befindet – die Agenten signalisieren dies durch einen Eintrag in der Tabelle *Halt*, der mittels der Me-

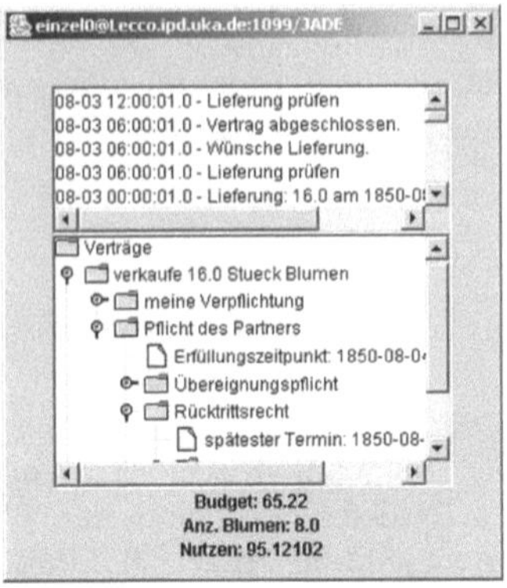

Abbildung 7.10: Graphische Benutzeroberfläche eines Agenten

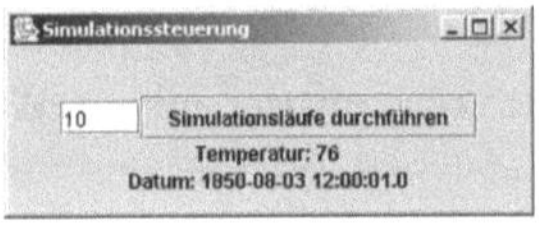

Abbildung 7.11: Graphische Benutzeroberfläche der Klasse *Simulation*

thoden *simulationAnhalten()* und *simulationFortsetzen()* der Klasse *VertragsAgent* gesetzt bzw. gelöscht werden kann.

Ferner generiert die Klasse *Simulation* auch Wetter und Wettervorhersage. Die Wettervorhersage gibt dabei verschiedene Wetterszenarien mit ihren Eintrittswahrscheinlichkeiten an und wird umso zuverlässiger, je näher der Zeitpunkt rückt, für den die Vorhersage gilt.

Die – sehr einfach gehaltene – graphische Benutzeroberfläche der Klasse ist in Abbildung 7.11 dargestellt.

7.4 Kommunikationssprache

Die Kommunikation der Agenten erfolgt mittels ACL-Nachrichten; als Inhaltssprache wird SL-0 verwendet. Die Begriffe, die in dieser Sprache verwendet werden können, werden in einer Ontologie (vgl. Abschnitt 2.3, S. 12) definiert.

Diese Ontologie wird hier zunächst vorgestellt; im Anschluss wird untersucht, ob sich durch ihre beschränkte Ausdrucksmächtigkeit juristische Konsequenzen ergeben.

7.4.1 Entwicklung einer Ontologie

Der Entwurf der Ontologie, die für den Vertragsschluss in der Kommunikation zwischen Agenten verwendet wird, ist in Abbildung 7.12 dargestellt.

Wichtigstes Konzept ist der *Vertragsschluss*. Zu jedem Vertragsschluss gehören die *Vertragspflichten* der beteiligten Parteien sowie ein eventuelles Widerrufsrecht. Ein spezieller Vertrag ist der *Kaufvertrag* mit den dazugehörigen *Kaufvertragspflichten*.

Zu jeder Vertragspflicht gehört ein Schuldner (also eine *Person*) sowie optional ein *Ruecktrittsrecht*. Dieses sagt aus, dass der Verpflichtete vom Vertrag zurücktreten darf, ggf. gegen Zahlung eines *Reugelds*.

Kern der Kaufvertragspflicht ist die *Uebereignungspflicht*. Zu übereignen sind entweder Geld oder eine gewisse *Menge* einer Ware; ein Erfüllungszeitpunkt kann spezifiziert werden.

Für den Rücktritt von einem Kaufvertrag sowie das Fordern einer Vertragsstrafe sind jeweils eigene Konzepte vorgesehen. In beiden Fällen ist auch der Vertrag anzugeben, auf den sich der Rücktritt bzw. die Forderung bezieht.

7.4.2 Ausdrucksmächtigkeit der Agentenkommunikation

Es ist offensichtlich, dass die verwendete Ontologie nur recht wenige Konzepte abdeckt. Agenten, die nur mit Hilfe dieser Ontologie kommunizieren, haben also sehr geringe Ausdrucksmöglichkeiten. Für die Verwendung innerhalb dieser Arbeit sind sie ausreichend; so können Vertragsstrafe und Reugeld vereinbart werden; die Höhe von Vertragsstrafen kann von der Art der Pflichtverletzung, die Höhe des Reugeldes vom Rücktrittszeitpunkt abhängig gemacht werden.

Aus juristischer Sicht könnte die Beschränkung der Agenten auf wenige, vordefinierte Konzepte jedoch ein Problem darstellen. Die Erstellung der Ontologie könnte als Vorformulierung von Vertragsklauseln verstanden werden. Damit könnten diese Klauseln aber als *Allgemeine Geschäftsbedingungen (AGB)* einzuordnen sein. Ihr Inhalt wäre dann gewissen Einschränkungen gemäß den §§ 305c, 307 ff. BGB unterworfen. Als wesentlich ist darunter insbesondere § 309 Nr. 6 BGB herauszustellen, der Klauseln verbietet, in denen dem Verwender der AGB eine Vertragsstrafe versprochen wird.[7]

Ob das Problem sich stellt, kann mit Hilfe der Legaldefinition Allgemeiner Geschäftsbedingungen beantwortet werden. § 305 I BGB lautet:

> Allgemeine Geschäftsbedingungen sind alle für eine Vielzahl von Verträgen vorformulierten Vertragsbedingungen, die eine Vertragspartei (Verwender)

[7]Wortlaut des § 309 Nr. 6 BGB: „[unwirksam ist] eine Bestimmung, durch die dem Verwender für den Fall der Nichtabnahme oder verspäteten Abnahme der Leistung, des Zahlungsverzugs oder für den Fall, dass der andere Vertragsteil sich vom Vertrag löst, Zahlung einer Vertragsstrafe versprochen wird“

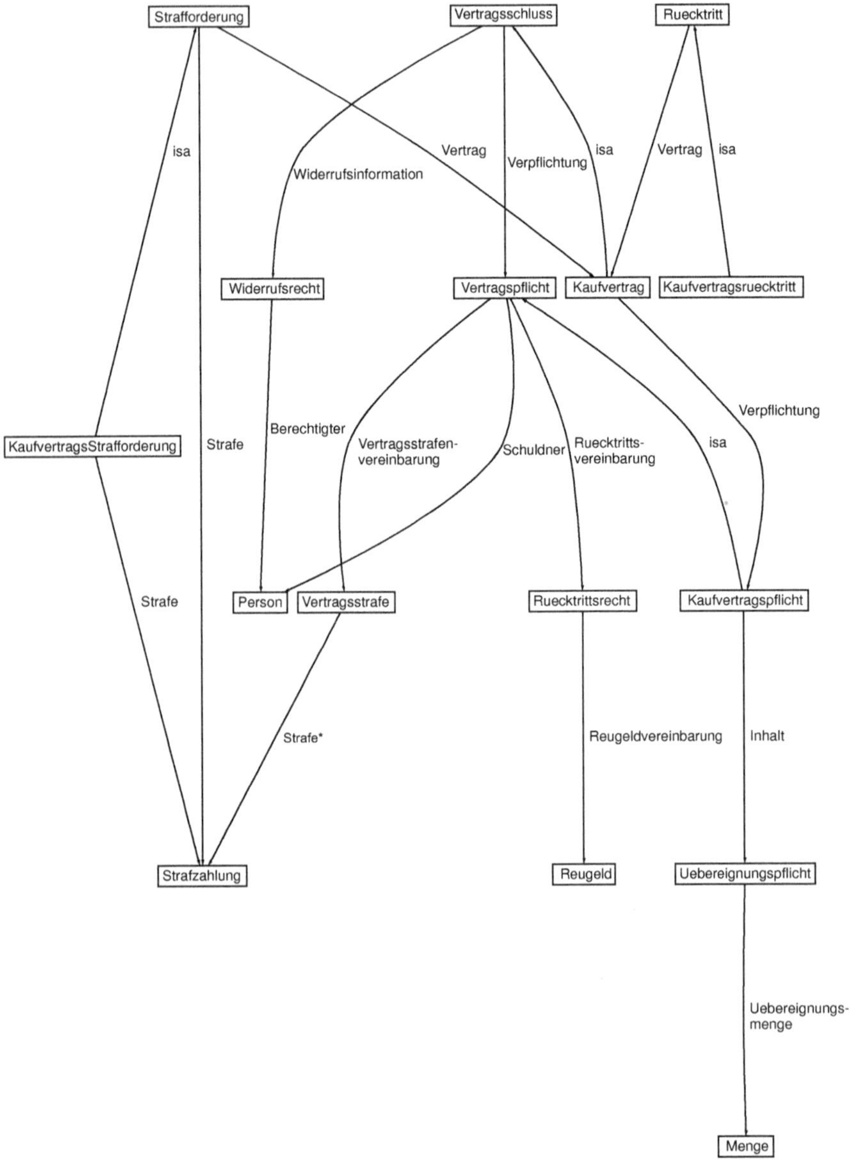

Abbildung 7.12: Vertragsschluss-Ontologie

> der anderen Vertragspartei bei Abschluss eines Vertrags stellt. [...] Allgemeine Geschäftsbedingungen liegen nicht vor, soweit die Vertragsbedingungen zwischen den Vertragsparteien im Einzelnen ausgehandelt sind.

Nun ist es diskutabel, ob die Vertragsbedingungen als vorformuliert einzuordnen sind; immerhin obliegt es ja den Agenten, welche Bedingungen sie verwenden; auch lassen sich die Bedingungen parametrisieren.

Dennoch sind die Vereinbarungen nicht als Allgemeine Geschäftsbedingungen einzuordnen: Erstens werden die Vertragsbedingungen nicht von einer Partei der anderen gestellt; beide Seiten können sie im vorgesehenen Verhandlungsmechanismus einbringen. Zweitens sind einzeln ausgehandelte Vertragsbedingungen durch § 305 I Satz 3 von der Definition des § 305 I Satz 1 BGB ausgenommen. Ob diese Ausnahme greift, ist allerdings fraglich. Zwar sieht der Verhandlungsmechanismus vor, dass bei jedem einzelnen Vertrag aufs Neue entschieden werden könnte, ob z.B. Vertragsstrafen und Reugelder vereinbart werden. Diese Vereinbarungen können auch in einer Änderung des Preises resultieren, so dass der Käufer entscheiden kann, ob er beispielsweise einen geringeren Kaufpreis ohne oder einen höheren Kaufpreis mit Reugeldvereinbarung wählt. Ob dies tatsächlich geschieht, hängt aber von den konkret verwendeten Strategien der Agenten ab.

Obwohl nun also die Ausnahme des § 305 I Satz 3 nicht immer greifen wird, liegen schon durch die Definition des § 305 I Satz 3 keine Allgemeinen Geschäftsbedingungen vor.

Insgesamt sind die ausgehandelten Verträge also als Individualvereinbarungen einzuordnen, so dass die Bestimmungen des AGB-Rechts auf sie nicht zutreffen.

7.5 Mögliche Erweiterungen

7.5.1 Mechanismus zur Autorisation von Transaktionen

Zur Autorisation von Transaktionen sind prinzipiell zumindest zwei Mechanismen denkbar. Der erste basiert auf Attributzertifikaten, die die erlaubten Transaktionen beschreiben, und ist in Abschnitt 4.8 erläutert.

Alternativ wäre die Einführung eines vertrauenswürdigen Dritten *(Trusted Third Party, TTP)* denkbar. Dieser könnte für jeden Agenten ein von seinem Benutzer einzurichtendes Konto führen. Bei Abschluss eines Vertrages würde dann der Vertragspartner jeweils eine Nachricht an die TTP schicken, in der ein geschuldeter Geldbetrag bzw. das Äquivalent des Geschuldeten in Geld vermerkt wäre.

Es sei an dieser Stelle darauf hingewiesen, dass das erwähnte Konto nur dazu dient, sicherzustellen, dass ein Agent einen bestimmten Verfügungsrahmen nicht überschreitet; es muss nichts mit dem tatsächlichen Zahlungsverkehr zu tun haben.

Beim Empfang einer solchen Nachricht würde die TTP vom Konto des Verpflichteten einen entsprechenden Betrag abbuchen und eine positive Rückmeldung geben, wenn das Konto noch gedeckt wäre (sonst eine negative).

Hierbei wäre Folgendes zu beachten:

- Die Mitteilung an die TTP würde durch den Vertragspartner abgeschickt und nicht durch den Agenten, dessen Konto zu belasten wäre; ansonsten wäre (aufgrund von Fehlern oder Angriffen) die Abbuchung nicht garantiert.
- Der Vertragspartner müsste jedoch beweisen, dass ein Vertrag zustande gekommen ist. Dazu benötigte er eine durch den Verpflichteten signierte Mitteilung, die für die TTP verständlich sein müsste.
- Da nur bei einem tatsächlich erfolgten Vertragsschluss eine Abbuchung erfolgen sollte, dürfte entweder erst dann eine Meldung an die TTP erfolgen, oder es müssten getrennte Protokolle für Kontostandsabfragen und Abbuchungen entwickelt werden.
- Bei einem Rücktritt sollte eine Buchung rückgängig gemacht werden können.
- Optional sollte geprüft werden können, welche weiteren Verpflichtungen sich aus einem Vertrag ergeben – insbesondere Vertragsstrafen müssten berücksichtigt werden.

Das skizzierte Autorisierungssystem hat erhebliche Vorteile gegenüber der einfachen Autorisierung mit Hilfe von Attributzertifikaten, wie sie in Abschnitt 4.8 dargestellt wurde. Aufgrund seiner Komplexität wird jedoch auf eine tatsächliche Implementierung verzichtet.

7.5.2 Schiedsrichter-Agenten

Es ist natürlich denkbar, dass auch über Verträge, die unter Einsatz von Agenten geschlossen werden, Streit entsteht. Letztlich wird der Streit darauf hinauslaufen, welcher Akteur einen Anspruch gegen welchen anderen Akteur hat; dazu stellen sich Fragen bezüglich der Tatsachen und bezüglich deren rechtlicher Bewertung. Im vorliegenden Szenario könnte Uneinigkeit bestehen über Tatsachen wie

- den rechtzeitigen Zugang einer Nachricht, beispielsweise der Annahme von Vertragsangeboten,
- die Echtheit, d.h. die Integrität und Authentizität einer Nachricht,
- die Auslegung eines Vertrags,
- die (rechtzeitige) Auslieferung von Gütern und das (rechtzeitige) Erfüllen von Zahlungsverpflichtungen, oder
- die Frage, ob (und ggf. in welcher Höhe) einem der Vertragspartner ein Schaden entstanden ist.

Diese potentiellen Streitpunkte lassen sich in zwei Gruppen unterteilen: Die erste betrifft die Frage, ob (und mit welchem Inhalt) ein Vertrag zustande gekommen ist; die zweite betrifft die Erfüllung der eingegangenen Verpflichtungen.

Um die Kosten zu verringern, die durch einen Streit entstehen (wie Gerichts- und Anwaltskosten), bietet sich an, statt eines Gerichts einen vertrauenswürdigen Dritten (TTP) zur Entscheidung von Streitigkeiten heranzuziehen. Verschiedene Formen dieser außergerichtlichen Vereinbarungen existieren. An dieser Stelle wird aber nur die Schiedsgerichtsbarkeit betrachtet, denn die anderen Formen führen nicht zu einer Entscheidung des Streitfalls, sondern vermitteln lediglich zwischen den Parteien [Schü98, Rn. 4]. Zwischen den Parteien könnte also eine *Schiedsvereinbarung* getroffen werden. Geregelt ist die Schiedsgerichtsbarkeit im 10. Buch (§§ 1025-1066) der Zivilprozessordnung (ZPO).

Das Schiedsgericht tritt an die Stelle des normalerweise zuständigen Gerichts; sein Schiedsspruch „hat unter den Parteien die Wirkungen eines rechtskräftigen gerichtlichen Urteils" (§ 1055 ZPO).

Als Kriterien für den Einsatz einer Schiedsvereinbarung zieht [Schü98, Rn. 9-15] u.a.[8] heran:

- Sachkunde
- Verfahrensdauer
- Kosten
- Verfahrensgestaltung
- Durchsetzbarkeit

Im betrachteten Szenario bestehen Möglichkeiten des Einsatzes schiedsgerichtlicher bzw. schiedsgerichtsähnlicher Streitschlichtungen. Die Details des schiedsgerichtlichen Verfahrens können an dieser Stelle nicht geklärt werden; die Betrachtung beschränkt sich daher auf die Möglichkeiten der Unterstützung eines solchen Verfahrens durch Agententechnologie.

Mindestanforderung an die Unterstützung des Schiedsverfahrens ist die elektronische Übermittlung von Schiedsvereinbarungen, Schriftsätzen wie der Klageschrift und Beweismitteln.

§ 1031 ZPO regelt die Form der Schiedsvereinbarung; demnach reicht es aus, wenn diese in einer Form „der Nachrichtenübermittlung, die einen Nachweis der Vereinbarung sicherstellt, enthalten [ist]" (§ 1031 I ZPO). Dieses Erfordernis kann z.B. durch den im Rahmen dieser Arbeit entwickelten Signaturmechanismus erfüllt werden. Auch spricht nichts dagegen, die Vereinbarungen (im gleichen Rahmen wie andere Willenserklärungen) durch Agenten vornehmen zu lassen. Bei Beteiligung eines Verbrauchers ist jedoch nach § 1031 V ZPO die Schriftform oder elektronische Form erforderlich.

Auch Klageschrift und weitere Schriftsätze können elektronisch übermittelt werden, da eine bestimmte Form nicht durch zwingendes Recht vorgeschrieben ist. Um das rechtliche Gehör der Beteiligten zu wahren, muss jedoch überprüfbar sein, ob ein Schrift-

[8] Die anderen Kriterien – Präzedenzwirkung und Vertraulichkeit – sind für die Vertragspartner im vorliegenden Szenario wohl nicht relevant

satz einen Beteiligten erreicht hat (vgl. [Spli03, S. 213 f.]). Mittels signierter Empfangsbestätigungen ist dies aber leicht zu erreichen.

Die elektronische Übermittlung von Beweismitteln ist ebenso möglich. Schiedsgerichten stehen die gleichen Beweismittel zur Verfügung wie den ordentlichen Zivilgerichten [Schü98, Rn. 160]. Elektronische Dokumente können also gemäß § 371 I ZPO durch Übermittlung in das Verfahren eingebracht werden.

Könnte nun in einem nächsten Schritt ein Agent auch die Aufgaben eines Schiedsrichters übernehmen? Mit einer solchen Lösung wäre eine erhebliche Kostenreduktion und ein geringerer Zeitaufwand verbunden. Ganz offensichtlich setzt die Zivilprozessordnung jedoch voraus, dass der oder die Schiedsrichter natürliche Personen sind. Dies ist auch beim Einsatz von Agenten sinnvoll, denn juristische Fragestellungen, die ein Werturteil beinhalten und auch von hoher Komplexität sein können, lassen sich schwerlich durch Agenten lösen.

Dennoch könnte es ökonomisch sinnvoll sein, diejenigen Aufgaben eines Schiedsgerichts an Agenten zu übertragen, die von diesen gelöst werden können. In der obigen Auflistung betrifft dies Fragestellungen über das Zustandekommen eines Vertrags – ein Agent kann Signaturen prüfen und anhand von Erfahrungswerten und eigenen Messungen Wahrscheinlichkeiten für den Verlust oder das Überschreiten einer bestimmten Laufzeit von Nachrichten bestimmen. Das (nicht durchsetzbare) „Urteil" eines solchen Agenten könnte die Parteien zu einer gütlichen Einigung veranlassen oder im (schieds-)gerichtlichen Verfahren Berücksichtigung finden. Soll Letzteres erreicht werden, so wäre die Erledigung von Teilaufgaben des Schiedsgerichts durch Agenten Teil der Schiedsvereinbarung. Insofern ähnelte die Rolle des Agenten der eines *Schiedsgutachters*, der im Gegensatz zum Schiedsgericht lediglich Tatumstände feststellt und Tatfragen entscheidet (Geimer in [Zöll02, § 1029 Rn. 4]).

Im Vergleich zum nicht elektronisch unterstützten Schiedsgerichtsverfahren könnten Verfahrensdauer und Kosten durch den Einsatz von Agenten zur Lösung von Teilaufgaben reduziert werden. Andere Aspekte des Schiedsverfahrens blieben dabei unberührt.

7.6 Fazit

In diesem Kapitel wurde ein Multiagentensystem entworfen, innerhalb dessen unter Einsatz der Instrumente Vertragsstrafe und Reugeld gehandelt werden kann. Der Entwurf wurde auf MAS-Ebene mit der Gaia-Methode durchgeführt, um anschließend seine Verfeinerung durch den Einsatz von Nutzenfunktionen und die Spezifikation von Verhandlungsabläufen zu finden. Ein objektorientierter Entwurf schloss sich an. Schließlich wurden mögliche Erweiterungen diskutiert.

Die Erkenntnisse dieses Kapitels werden nun angewendet, um Aussagen über den Nutzen von Vertragsstrafe und Reugeld treffen zu können.

Kapitel 8

Evaluierung

Dieses Kapitel befasst sich mit Experimenten, die mit Hilfe des in Kapitel 7 entworfenen Systems durchgeführt werden. Dazu wird zunächst der Versuchsaufbau beschrieben. Anschließend werden das Verhalten des Systems in Abhängigkeit verschiedener Parameter sowie mögliche Interpretationen für dieses Verhalten diskutiert. Schließlich folgt eine Betrachtung über den Nutzen der eingesetzten Instrumente und mögliche Weiterentwicklungen des Systems, um aufgetretene Fehler vermeiden und andere Effekte untersuchen zu können.

8.1 Versuchsaufbau

Dem Szenario aus Kapitel 6 folgend, wurde eine Lieferkette aus Produzenten, Groß- und Einzelhändlern und Verbrauchern aufgebaut. Bei den meisten Experimenten wurde lediglich je ein Agent jeden Typs instantiiert; jedoch wurde die Funktionalität der Implementierung auch mit mehreren Agenten pro Typ getestet.

Die folgenden Parameter wurden im Laufe der Versuche variiert:

- *Reugeld.* Die Verwendung von Reugeldern im System ist optional. Auch die Art der Aushandlung wurde im Laufe der Experimente verändert.
- *Vertragsstrafe.* Auch Vertragsstrafen können völlig abgeschaltet werden; ihre Höhe wurde variiert.
- *Bestellpolitik.* Die Parameter der s,S-Bestellpolitik[1] der Händler wurden variiert.
- *Risikoaversionsgrad.* Die Parameter der von Neumann-Morgenstern-Nutzenfunktion des Verbrauchers wurden variiert.
- *Optimismusgrad.* Die Funktion, nach der die Händler bestimmen, ob sie zu einem gegebenen Zeitpunkt eine Lieferverpflichtung eingehen wollen, wurde mit einer optimistischen und einer pessimistischem Parametrisierung getestet.
- *Einkommen.* Das Einkommen des Verbrauchers pro Periode wurde geändert.

[1] Auffüllen des Lagers bis auf S, falls der Schwellwert s unterschritten wird.

- *Wetter.* Die Schwankungsbreite des Wetters wurde im Lauf der Experimente geändert.

Die Experimente wurden zunächst überwiegend auf einer einzelnen Plattform und einem einzelnen Rechner durchgeführt. In späteren Versuchen wurden bis zu vier verschiedene Parameterkombinationen auf ebenso vielen Plattformen parallel getestet, wobei die Agenten aller Plattformen auf eine einzige Wetterdatenbank zugriffen. Gehandelt wurde dabei jedoch lediglich unter den Agenten jeweils einer Plattform. So konnte der Nutzen verschiedener Instrumente bzw. Strategien unter identischen Rahmenbedingungen verglichen werden.

8.2 Experimente

8.2.1 Preisentwicklung

Erster Untersuchungsgegenstand war die Entwicklung der Preise, die zwischen den verschiedenen Akteuren zustande kamen. Wie in Abschnitt 7.3.2 beschrieben, bestimmen die Käufer jeweils einen Wunsch- und einen Höchstpreis, die Verkäufer analog Wunsch- und Mindestpreis. Bei den Käufern werden diese Preise gebildet, indem ein Auf- bzw. Abschlag auf den Durchschnittspreis der letzten zehn Runden berechnet wird; bei den Verkäufern gilt für den Wunschpreis das Gleiche, der Mindestpreis hängt von den eigenen Kosten ab.

Wie sich in den durchgeführten Experimenten zeigte, führen diese Eigenschaften des Verhandlungsmechanismus zur Konvergenz der Preise. Die Geschwindigkeit dieser Konvergenz ist jedoch recht gering: Im Beispiel der Abbildung 8.1 wurden die Startpreise deutlich über den sich letztendlich durch den Markt ergebenden Preisen festgelegt; ein stabiles Preisniveau ergab sich so erst nach ca. 1000 Runden. Als Konsequenz aus dieser langsamen Konvergenz wurden die Startpreise in späteren Versuchen deutlich gesenkt (vgl. Abbildung 8.2).

8.2.2 Vertragsstrafe

Erste Untersuchungen zielten darauf ab, einen Zusammenhang zwischen dem Vorhandensein von Vertragsstrafenvereinbarungen und der optimalen Bestellpolitik der Händler zu zeigen. Es wurde vermutet, dass ein früheres Auffüllen des Lagers geeignet wäre, das Risiko fehlschlagender Lieferungen zu verringern.

Jedoch wurde kein klarer Zusammenhang zwischen beiden Größen gefunden. Vermutlich liegt dies daran, dass ein volleres Lager zu höheren Lieferzusagen führt, die Lagerreserve sich dadurch also nicht vergrößert.

Sehr deutlich zeigte sich der Effekt der Vertragsstrafe aber bei Veränderungen des „Optimismusparameters". Vorgestellt wird ein Beispiel, in dem sich erhebliche Vorteile der

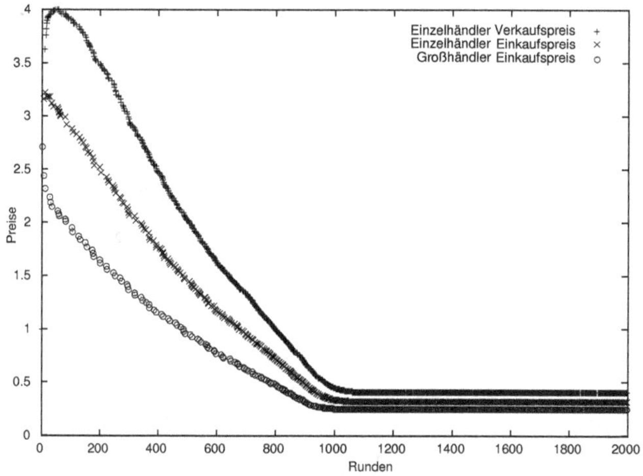

Abbildung 8.1: Konvergenz der Preise bei hohem Startpreis

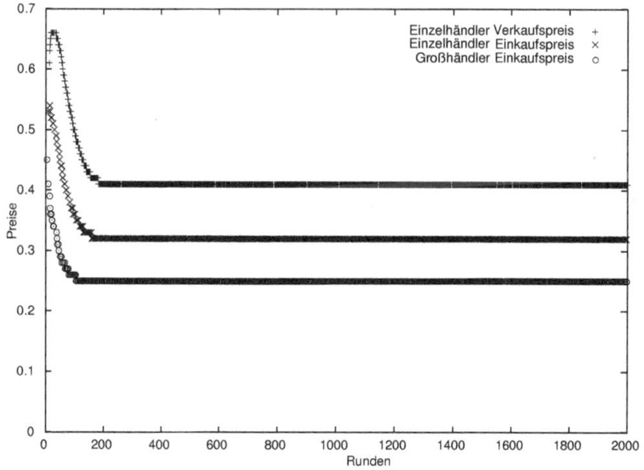

Abbildung 8.2: Konvergenz der Preise bei niedrigem Startpreis

Vertragsstrafe zeigten.

Schätzen Unternehmer ihre Lieferfähigkeit eher optimistisch, so resultiert dies in einer größeren Anzahl nicht eingehaltener Lieferverpflichtungen (vgl. Abbildung 8.3; diese Abbildung enthält auch die Legende der folgenden Abbildungen). Trotz der im Beispiel verhältnismäßig gering gewählten Vertragsstrafen (ein Sechstel des jeweiligen Kaufpreises) schlagen diese, wohl aufgrund geringer Margen, deutlich auf den wirtschaftlichen Erfolg der Händler durch: Während im Szenario ohne Vertragsstrafen die Händler insgesamt besser abschneiden, wenn sie optimistisch handeln, zeigt Abbildung 8.4 den erheblichen Nachteil dieser Strategie im Szenario mit Vertragsstrafen. Noch deutlicher wird der Unterschied bei Einbeziehung des Produzenten (vgl. Abbildung 8.5). Pessimistische Händler hingegen werden durch den Einsatz der Vertragsstrafe kaum benachteiligt.

Wie wirkt sich die Vertragsstrafe nun auf den Nutzen des Verbrauchers aus? Optimistische Händler führten zu mehr Vertragsschlüssen mit den Verbrauchern (vgl. Abbildung 8.6). Da ein Teil der optimistischen Zusagen tatsächlich eingehalten werden konnte, stieg damit auch das Liefervolumen an die Verbraucher (Abbildung 8.7). Allerdings schlagen auch mehr Lieferversuche fehl.

Der durchschnittliche von Neumann-Morgenstern-Nutzen der Verbraucher ist in Abbildung 8.8 dargestellt: Wenn keine Vertragsstrafe vereinbart ist, sind die Verbraucher bei pessimistischen Händlern langfristig etwas schlechter gestellt als bei optimistischen; mit Vertragsstrafe wird dies noch wesentlich deutlicher.

Dieses Ergebnis ist auch nicht überraschend: Pessimistische Händler halten zwar einen größeren Anteil ihrer eingegangenen Lieferverpflichtungen ein. Sie erfüllen aber insgesamt weniger Lieferwünsche der Verbraucher. Da den Verbrauchern durch fehlgeschlagene Lieferversuche auch keine Kosten entstehen, ist einleuchtend, dass sie von optimistischen Händlern profitieren. Anderes wäre nur zu erwarten, wenn die Möglichkeit bestünde, im Fall einer Absage noch mit einem weiteren Händler zu verhandeln. Im Beispielszenario stand aber lediglich ein Einzelhändler zur Verfügung.

Einleuchtend ist auch, dass der Verbraucher im Szenario mit Vertragsstrafen noch einen größeren Vorteil durch die optimistischen Händler hat: Er erhält in diesem Fall nicht nur mehr Blumen geliefert; auch profitiert er von den Strafzahlungen, wenn er Lieferungen nicht erhält.

8.2.3 Reugeld

Wie sich zeigte, war der Einsatz von Reugeldern nur unter engen Voraussetzungen sinnvoll. In ersten Versuchen wurde sogar eine deutliche Verschlechterung des Nutzens bzw. der Budgets aller Akteure festgestellt. Eine nähere Untersuchung zeigte, warum: Reugeldvereinbarungen erhöhen sowohl die Zahlungsbereitschaft der Käufer als auch den durch die Verkäufer geforderten Mindestpreis. In den ersten Versuchen

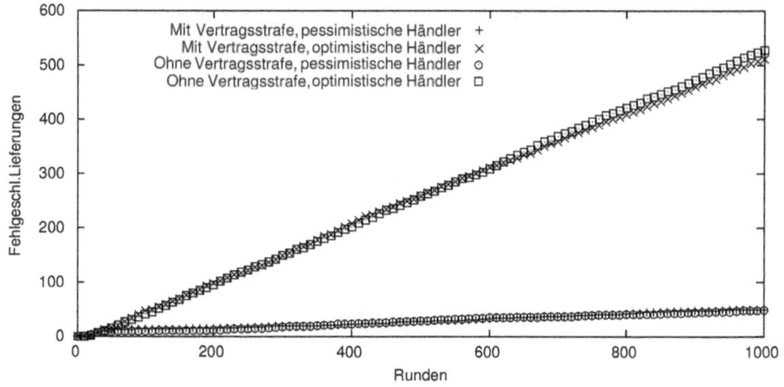

Abbildung 8.3: Fehlgeschlagene Lieferungen der Einzelhändler

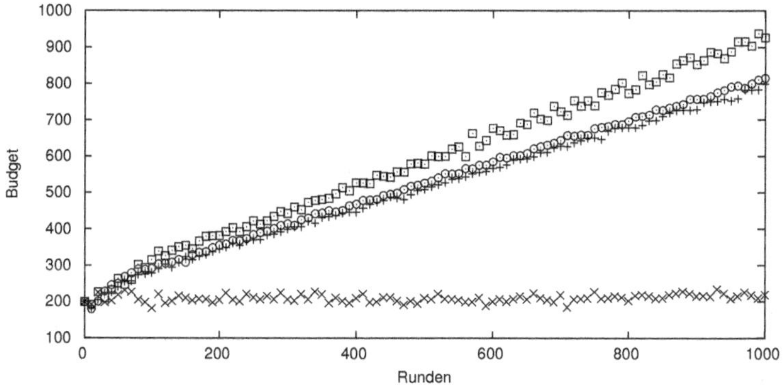

Abbildung 8.4: Budgets der Händler

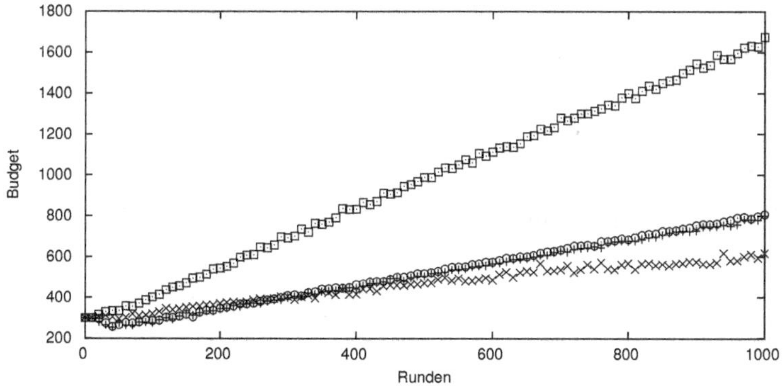

Abbildung 8.5: Budgets der Unternehmer

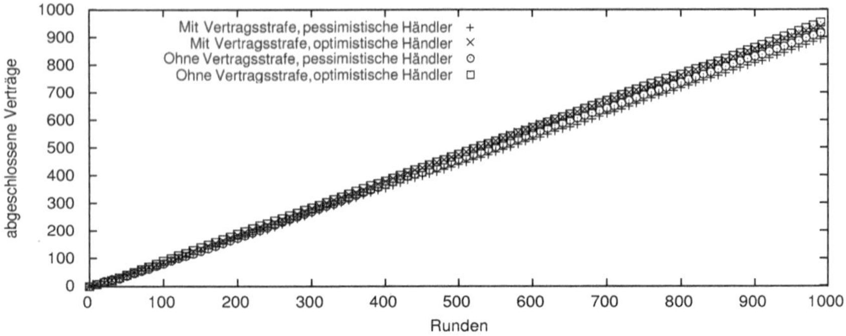

Abbildung 8.6: Abgeschlossene Verträge der Verbraucher

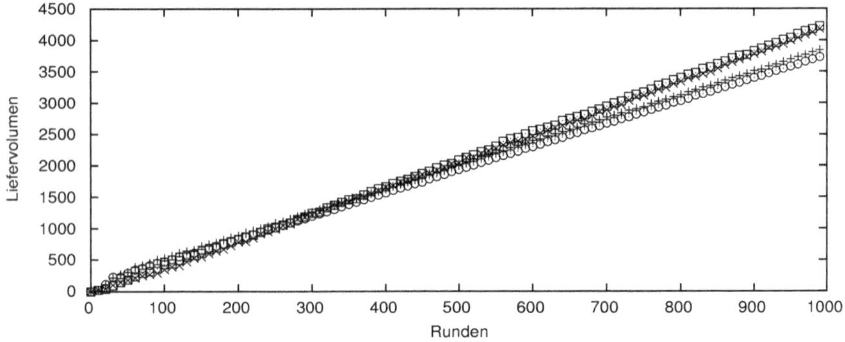

Abbildung 8.7: Volumen der Lieferungen an die Verbraucher (kumuliert)

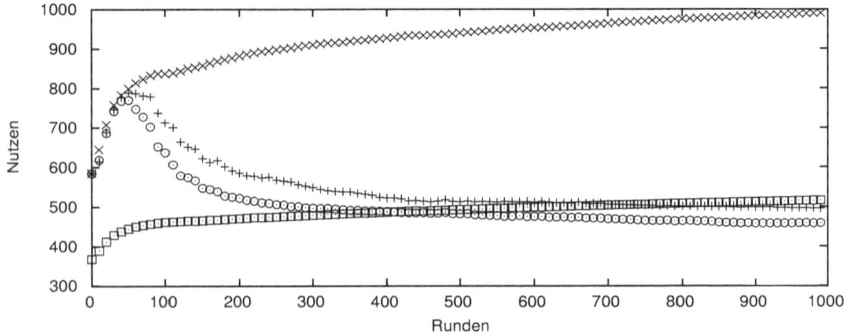

Abbildung 8.8: Durchschnittlicher von Neumann-Morgenstern-Nutzen der Verbraucher pro Runde

wurde eine Heuristik verwendet, die zu einem deutlich zu hohen Aufschlag führte. Nach einer Korrektur dieser Heuristik ließen sich Beispiele finden, in denen Reugelder zu einer Erhöhung der Markteffizienz führten.

Unabhängig davon ließen sich von Anfang an plausible Verhaltensweisen beobachten: So führte z.B. eine größere Schwankungsbreite des Wetters zu mehr Rücktritten, da der Nutzen des Verbrauchers sich änderte.

Im Folgenden soll ein Beispiel dargestellt werden, in dem sich der Reugeldeinsatz als sinnvoll erwies.

Im ersten Fall wurde ein recht hoher Preisaufschlag für die Reugeldvereinbarungen berechnet. Abbildung 8.9[2] zeigt, dass nur optimistische Unternehmer durch Reugelder deutlich besser gestellt werden; pessimistische Unternehmer profitieren davon nicht. Dies kann dadurch erklärt werden, dass manche Lieferverpflichtungen, die ohnehin nicht eingehalten worden wären, durch den Rücktritt des Käufers entfallen.

Betrachtet man die von Neumann-Morgenstern-Nutzenfunktion, so entsteht der Eindruck, dass die Verbraucher jedoch nicht durch den Reugeldeinsatz profitieren (vgl. Abbildung 8.10). Deutlich wird der Vorteil der Verbraucher aber bei Betrachtung des Güternutzens (Abbildung 8.11), insbesondere im Fall der optimistischen Händler. Da die Entscheidungsfunktion der Verbraucher auf dem von Neumann-Morgenstern-Nutzen fußt, erscheint dieses Ergebnis zunächst widersprüchlich.

Deutliche Unterschiede zwischen beiden Funktionswerten können zum Einen dadurch erklärt werden, dass die verwendete von Neumann-Morgenstern-Nutzenfunktion sublinear wächst, größere Nutzen also nur teilweise berücksichtigt werden. Zum Anderen wird der von Neumann-Morgenstern-Nutzen immer ex ante für eine feste Rundenzahl berechnet. Wenn nun die Entscheidung fällt, von einem Vertrag zurücktreten zu wollen, wird das Risiko, das sich durch den geringen Wert der von Neumann-Morgenstern-Funktion ausdrückt, nicht realisiert.

Es kann also davon ausgegangen werden, dass sowohl die Verbraucher als auch die Unternehmer als Gesamtheit vom Einsatz des Reugeldes profitieren.

8.2.4 Pareto-Effizienz

Als Bewertungskriterium wurde in Kapitel 6 die Pareto-Effizienz ausgewählt – d.h., dass idealerweise Szenarien gefunden werden, in denen alle Akteure am Markt besser gestellt sind. Im Falle der Vertragsstrafe wurde in den Experimenten keine Allokation gefunden, die alle Marktteilnehmer besser stellt. Dies liegt daran, dass zwar eine Seite (nämlich die der Käufer, insbesondere der Verbraucher, die als einzige Akteure im simulierten Szenario ausschließlich als Käufer auftreten) deutlich profitiert. Jedoch wurde kein Mechanismus gefunden, der die andere Seite in angemessener Weise an diesem Nutzengewinn teilhaben lässt. Somit konnte lediglich die verhaltenssteuernde

[2] Diese Abbildung enthält auch die Legende der folgenden Abbildungen.

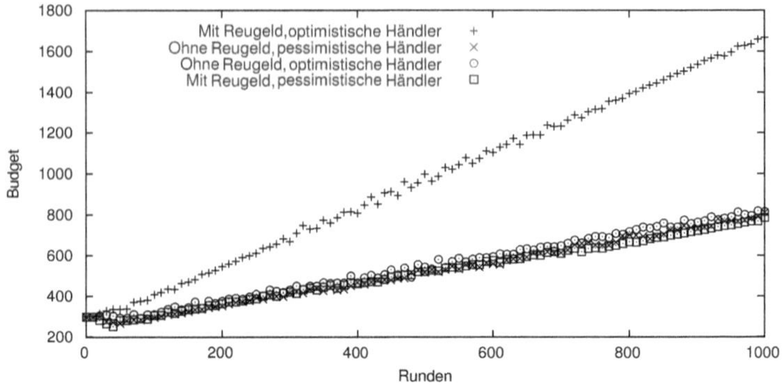

Abbildung 8.9: Budgets der Unternehmer

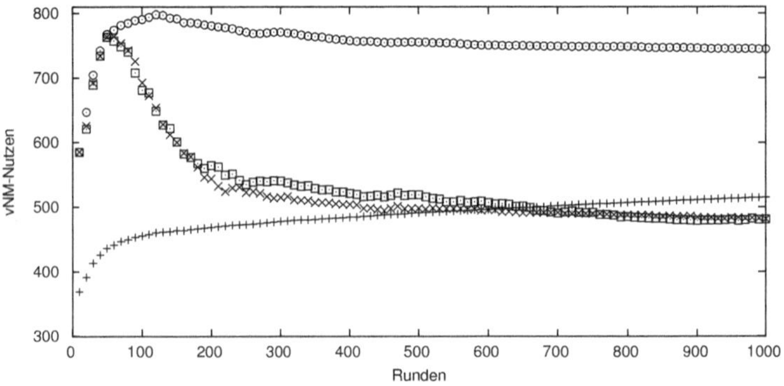

Abbildung 8.10: Durchschnittlicher von Neumann-Morgenstern-Nutzen der Verbraucher pro Runde

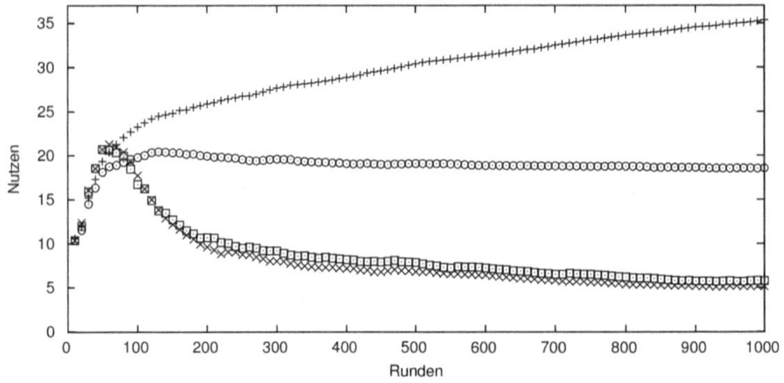

Abbildung 8.11: Durchschnittlicher Güternutzen der Verbraucher pro Runde.

Wirkung der Vertragsstrafe gezeigt werden.

Im Falle des Reugelds hingegen wurden Parameterkombinationen gefunden, die sowohl die Unternehmer insgesamt als auch die Vebraucher besser stellen. Wünschenswert wäre zwar gewesen, alle Marktteilnehmer besser stellen zu können. Da der Erfolg der Unternehmer aber an ihrem Gewinn gemessen wird, also einer monetären Größe, hat das gewonnene Ergebnis auch die gleiche Aussagekraft: Im Gegensatz zum Nutzen der Verbraucher, einer Größe, die sich nicht mit dem Nutzen anderer Akteure vergleichen lässt, kann der Gewinn der Unternehmer durch die Art der Verhandlungen so verteilt werden, dass alle unter ihnen vom Einsatz der Reugelder profitieren.

8.3 Fazit

Natürlich können die in den vorgestellten Experimenten beobachteten Effekte nicht direkt auf reale Märkte übertragen werden. Hierzu müsste zunächst untersucht werden, ob die vorgegebenen Parametereinstellungen mit dem Verhalten tatsächlich existierender Akteure in Einklang stehen. Doch sind die Annahmen auch nicht aus der Luft gegriffen: Die Risikoaversion der Verbraucher und Risikoneutralität der Unternehmer ist beispielsweise eine plausible Modellannahme.

Trotz der genannten Einschränkung wurde die Eignung des implementierten Multiagentensystems für die Durchführung von Marktsimulationen gezeigt. Manche der erwarteten Effekte ließen sich nachweisen; andere Ergebnisse wurden nicht erwartet, zeigten sich aber im Nachhinein als plausibel.

Als wesentliches Ergebnis kann wohl gelten, dass Parameterkombinationen gefunden werden konnten, bei denen sich der Einsatz des Instrumentes Reugeld als sinnvoll erwies. Für Vertragsstrafen ließ sich zeigen, dass sie einen deutlichen Einfluss auf die optimale Strategie der Unternehmer hatten; ihre verhaltenssteuernde Eigenschaft wurde also nachgewiesen.

Trotz dieser Erfolge ist darauf hinzuweisen, dass eine zusätzliche wirtschaftswissenschaftliche Betrachtung fehlt; mit dieser könnten Parametereinstellungen gefunden werden, die das Geschehen an realen Märkten widerspiegeln. Dies würde auch ermöglichen, falsifizierbare Vorhersagen zu treffen. Voraussetzung wäre eine Modellbildung über Vertragsstrafen und Reugelder, die auf der ökonomischen Theorie der Unsicherheit aufbauen könnte.

Kapitel 9

Zusammenfassung und Ausblick

9.1 Zusammenfassung

Ausgangspunkt dieser Diplomarbeit war die Frage, wie durch den Einsatz von Agententechnologie die Effizienz des Marktgeschehens gesteigert werden kann. Diese Fragestellung umfasst wirtschaftswissenschaftliche, rechtswissenschaftliche und informationstechnische Aspekte, wovon im Rahmen dieser Arbeit insbesondere die beiden letztgenannten betrachtet werden sollten.

Wesentlicher Aspekt der genannten Effizienzsteigerung sind Verträge, die unter Agenteneinsatz geschlossen werden. Vor einer inhaltlichen Untersuchung von Instrumenten, die in diesen Verträgen eingesetzt werden könnten, galt es zunächst zu klären, ob Agenten überhaupt zum Vertragsschluss einsetzbar sind. Dazu wurde die in der Rechtswissenschaft bereits bekannte *Computererklärung* betrachtet. Ansätze, Parallelen zwischen Agenten und natürlichen oder juristischen Personen zu ziehen, wurden verworfen. Wie Computererklärungen können auch durch Agenten erstellte Erklärungen nach heutigem Stand ihren Benutzern zugerechnet werden.

Die Diskussion von *Informationspflichten* im Fernabsatzrecht beim Einsatz von Agenten führte zu dem Ergebnis, dass sich bezüglich nachträglicher Information keine Änderung ergibt. Bei der Vorabinformation zeigte sich, dass eine differenzierte Betrachtung nötig ist: Manche Informationen müssen überhaupt nicht übermittelt werden, da diese Übermittlung sinnlos wäre. Bei anderen Informationen scheitert die Übermittlung derzeit an fehlender Standardisierung. Für die Lösung dieses Problems hat nur dann der Verbraucher Sorge zu tragen, wenn er Agenten zum Zugriff auf einen Dienst einsetzt, der dafür nicht ausgelegt ist – andernfalls ist dies die Aufgabe des Anbieters.

Voraussetzung für den sicheren und verlässlichen Vertragsschluss ist die unverfälschte Übertragung der zugrunde liegenden Erklärungen. Um dieses Ziel zu erreichen, wurde ein *Signaturmechanismus* für die Agentenkommunikation entwickelt. Die Anforderungen an einfache elektronische Signaturen werden durch diesen Mechanismus erfüllt. Dies gilt (mit geringfügigen Modifikationen) auch für *fortgeschrittene Signatu-*

ren. Auch die Möglichkeit, Erklärungen mit einer *qualifizierten elektronischen Signatur* zu versehen, besteht für Agenten grundsätzlich. Die Voraussetzungen der *elektronischen Form* jedoch können durch Agenten grundsätzlich nicht erfüllt werden – eine Ausnahme besteht nur, wenn der Empfänger nicht erkennen kann, dass die Erklärung maschinell erstellt wurde.

Eine Möglichkeit der Effizienzsteigerung durch Vertragsgestaltung ist die Verteilung eines Risikos auf weniger risikoaverse Akteure. Exemplarisch wurden zwei Instrumente, die zur Risikoverteilung eingesetzt werden können, zunächst juristisch untersucht: Die *Vertragsstrafe*, die neben ihrer Straffunktion auch Ersatzfunktion hat und somit auch im Falle des sich verwirklichenden Risikos noch zur Transaktionskostenreduktion beitragen kann, und der *Rücktritt gegen Reugeld*, der es einer Partei erlaubt, sich von einem Vertrag zu lösen, der sich als unvorteilhaft herausstellt, die andere Partei aber aufgrund der fälligen Gegenleistung nicht über Gebühr benachteiligt. Die Implementierung eines Multiagentensystems, anhand dessen der Einsatz von Vertragsstrafen und Reugeldern in Agentenverträgen evaluiert werden kann, bildete einen weiteren Schwerpunkt dieser Arbeit. Dazu wurde zunächst ein Szenario entworfen, in dem aufgrund vorhandener Unsicherheit der Einsatz von Reugeld und Vertragsstrafe potentiell Vorteile bringen könnte. Darauf aufbauend folgte ein zweistufiger Entwurf: Zunächst wurden die Charakteristika des Multiagentensystems mit Hilfe der Gaia-Methode festgelegt. Noch verbleibende Lücken wurden dann gefüllt; so wurde der Einsatz von Nutzenfunktionen spezifiziert und ein Verhandlungsmechanismus beschrieben. Schließlich erfolgten der objektorientierte Entwurf und die Implementierung des Multiagentensystems. Dabei wurde auf die Erweiterbarkeit des Systems geachtet; so kann es auch als Rahmenwerk verwendet werden, um beispielsweise andere Strategien zu implementieren und zu evaluieren.

Den Abschluss der Arbeit bildet die Auswertung der Ergebnisse, die bei den Simulationsläufen mit dem vorher entwickelten Multiagentensystem erzielt wurden. Es stellte sich heraus, dass der Einsatz von Reugeldern sich nicht immer positiv auf das Marktgeschehen auswirkt. Der Aufschlag auf den Kaufpreis, der bei der Vereinbarung von Reugeldern vorgenommen wurde, führte zu einem verringerten Handelsvolumen und somit einer Benachteiligung aller Marktteilnehmer. Letztendlich konnte jedoch eine Konfiguration gefunden werden, die sowohl Verbraucher als auch Unternehmer in der Simulation beim Einsatz von Reugeldern besser stellte.

9.2 Ausblick

Es ist wohl wenig überraschend, dass diese Diplomarbeit manche Fragestellungen offen lassen musste. Auch die bereits gelösten Probleme könnten jedoch bereits in naher Zukunft erneut zu diskutieren sein. An dieser Stelle wird zunächst auf noch zu schließende Lücken hingewiesen. Aufbauend auf einer Abschätzung der technischen

Entwicklung wird dann auf ein sich neu ergebendes juristisches Problem eingegangen.

9.2.1 Offene Fragestellungen

Aufgrund der Ausrichtung der Arbeit auf rechtswissenschaftliche und informationstechnische Fragestellungen wurden lediglich oberflächliche wirtschaftswissenschaftliche Betrachtungen durchgeführt.

Für eine genauere wirtschaftswissenschaftliche Untersuchung wären folgende Ansatzpunkte denkbar:

- Der verwendete Verhandlungsmechanismus und somit die Bildung des Marktpreises. Der Protokollablauf erscheint zwar sinnvoll; die Art, in der die Agenten ihre Gebote festlegen, hat jedoch mehrere Nachteile:
  - Zwar werden Reugeldvereinbarungen bei der Preisbildung berücksichtigt. Dabei wird jedoch eine Heuristik verwendet, die zwar plausibel erscheint, die aber nicht hinreichend empirisch überprüft wurde. Vertragsstrafen werden bei der Preisbildung nicht berücksichtigt.
  - Abhängig vom Startpreis kann es sehr lange dauern, bis sich der letztendliche Marktpreis gebildet hat.
  - Die Kenntnis des Preisbildungsmechanismus lässt sich leicht durch Dritte ausnutzen.
- Die Festlegung von Simulationsparametern im implementierten System anhand empirischer Erkenntnisse in realen Märkten.
- Eine wirtschaftswissenschaftliche Untersuchung der Instrumente Reugeld und Vertragsstrafe.
- Eine Überprüfung, ob in den Wirtschaftswissenschaften existierende Modelle zum Einsatz von Informationstechnologie hinreichend sind, um auch Effizienzsteigerungen durch Softwareagenten zu analysieren.

Nachdem in dieser Arbeit gezeigt wurde,

- dass Agenten zum Abschluss von Verträgen eingesetzt werden können, in denen Vertragsstrafen und Reugelder vereinbart werden,
- dass Szenarien denkbar sind, in denen dies zur Effizienzsteigerung des Marktgeschehens beiträgt,
- und dass durch den Einsatz von Vertragsstrafe und Reugeld entstehenden Effekte in Simulationen mit Hilfe eines Multiagentensystems beobachtet werden können,

könnten die aufgeführten wirtschaftswissenschaftlichen Betrachtungen den Weg zum realen Einsatz der diskutierten Instrumente und Technologien ebnen.

9.2.2 Zukünftige Entwicklung der Agententechnologie

Natürlich ist es schwierig, seriöse Voraussagen über künftige technische Entwicklungen zu treffen. Gewisse Abschätzungen, die den Zeitraum der nächsten Jahre betreffen, sind jedoch möglich. Diese ergeben sich aus der aktuellen Forschung im Bereich der Softwareagenten, aber auch aus benachbarten Gebieten wie dem maschinellen Lernen. An dieser Stelle werden insbesondere Entwicklungen betrachtet, die sich auf die Eignung von Agenten zum Einsatz auf Märkten und auf die rechtliche Einordnung von durch Agenten generierten Willenserklärungen auswirken könnten.

Einsatz auf Märkten

Während Multiagentensysteme bislang überwiegend nur innerhalb einer Organisationseinheit eingesetzt werden, werden derzeit auch Systeme entwickelt, die diese Grenze überschreiten. Dies bedeutet, dass die von Agenten verfolgten Ziele divergieren können. Die Kommunikationsbeziehungen von Agenten bzw. Agententypen müssen aber bereits beim Entwurf eines Systems berücksichtigt werden. Folglich können Agenten zwar auf Märkten eingesetzt werden, jedoch nur in einem engen, vorher festgelegten Rahmen. Es sind also derzeit lediglich *geschlossene* Systeme im Einsatz.

Mit fortschreitender Entwicklung und insbesondere Standardisierung könnte sich dies bereits in naher Zukunft ändern. [LuMP03, S. 34] erwartet ungefähr für die Jahre 2006-2008 den Einsatz *offener*, wenn auch domänenspezifischer Agentensysteme. Es gilt jedoch zu bedenken, dass die Standardisierung nicht nur technischen, sondern auch wirtschaftlichen und politischen Einflüssen unterworfen ist; dies erhöht die Unsicherheit einer solchen Schätzung. Mit der Entwicklung verlässlicher offener Systeme ist jedenfalls die Voraussetzung für den breiten Einsatz von Agenten auf Märkten gegeben.

Für die Zeit ab ca. 2009 rechnet [LuMP03, S. 37] mit der Entwicklung beliebig skalierbarer, domänenübergreifender Multiagentensysteme. Wenn dies erreicht wird, könnte ein Agent nicht mehr nur in Teilbereichen für seinen Benutzer handeln; wie genau dieses domänenübergreifende Handeln aussehen könnte, ist derzeit jedoch noch offen.

Als Fazit lässt sich festhalten, dass die Agententechnologie aus technischer Sicht nicht mehr weit vom Einsatz auf Märkten in größerem Umfang entfernt ist. Ob diese technische Reife zum tatsächlichen Einsatz führen wird, kann im Vorhinein nicht beantwortet werden.

Steigerung der Autonomie

Bereits heute sind Agenten in dem Sinne autonom, dass sie ohne Eingriffe des Benutzers ihre Aufgaben erfüllen können. Nach einer anderen Definition impliziert Autonomie jedoch auch *Lernfähigkeit* (vgl. Abschnitt 2.2.3). Bereits heute können Agenten

Lernverfahren einsetzen. Im implementierten Multiagentensystem wird nicht gelernt – eine Ergänzung, die z.B. eine durch Lernverfahren optimierte Lagerhaltungsstrategie realisiert, wäre jedoch denkbar. Zu Recht geht [LuMP03, S. 6] davon aus, dass der Einsatz von Lernverfahren zukünftig an Bedeutung zunehmen wird – Agenten könnten sogar die von ihnen verwendeten Sprachen und Protokolle fortentwickeln [LuMP03, S. 37].

Einfache Lernverfahren sind beispielsweise vom Online-Buchkauf bekannt: Aufgrund der Kaufhistorie können Interessen eines Nutzers gelernt werden. Der Kunde kann auch erfahren, worauf eine konkrete Kaufempfehlung sich gründet: Beispielsweise wird ihm „Der Schatz im Silbersee" angeboten, weil er bereits „Winnetou I" gekauft hat.

Abhängig von den eingesetzten Verfahren ist es aber auch denkbar, dass durch den Agenten getroffene Entscheidungen nicht mehr nachvollziehbar sind. Beispiel für diesen Fall sind neuronale Netze: Nach einer Trainingsphase mit einem Netz, dessen Struktur auf die Erfüllung dieser Aufgabe ausgelegt ist, kann ein Agent zwar ein Buch bestellen, das der Benutzer wahrscheinlich auch selbst bestellt hätte. Es ist aber nicht möglich, herauszufinden, *warum* er es bestellt. Bei anderen Verfahren (z.B. beim Lernen eines Entscheidungsbaums) besteht diese Möglichkeit, setzt aber ein Verständnis des Verfahrens voraus, das nur Experten haben.

Bislang ist nicht in Aussicht, dass Privatnutzer lernfähige Agenten ohne Rückfrage für solche Bestellungen einsetzen. Auch wenn dies eines Tages der Fall sein sollte, so ist davon auszugehen, dass zumindest wichtige Parameter z.B. eines Kaufvertrags durch den Benutzer vorgegeben werden. Früher als bei Privatnutzern ist aber bei Unternehmern mit dieser Form des Agenteneinsatzes zu rechnen. Dies liegt erstens daran, dass Effizienzgewinne durch vereinfachte Entscheidungsverfahren am ehesten dort erwartet werden können, wo eine hohe Anzahl an Transaktionen stattfindet. Zweitens dürften eher Akzeptanzprobleme als technische Schwierigkeiten den Einsatz dieser Verfahren verhindern. Drittens unterliegen die Bedürfnisse eines Unternehmens weniger irrationalen Schwankungen.

Unabhängig vom Einsatzbereich stellt sich die Frage nach der juristischen Einordnung von durch Agenten erzeugten Willenserklärungen neu, wenn die Entscheidungen des Agenten nicht mehr nachvollziehbar sind. Diese Einordnung ist Thema des nächsten Abschnitts.

Zuordnung von Willenserklärungen zum Benutzer

In Kapitel 3 wurde diskutiert, ob Erklärungen, die durch Agenten erstellt werden, Willenserklärungen sind, die dem Benutzer des Agenten zugerechnet werden können. Diese Diskussion führte zu dem Ergebnis, dass dies nach heutigem Stand grundsätzlich der Fall ist und die Grundsätze zur Computererklärung angewendet werden können.

Schon bei der Computererklärung erschien aber das Vorliegen des *Geschäftswillens*, Voraussetzung für eine fehlerfreie Willenserklärung, als problematisch. Während jedoch bislang der Erklärende i.d.R. zumindest die Grundsätze kennt, die der Erklärungserstellung zugrunde liegen, kann davon bei lernfähigen und zunehmend autonomeren Systemen nicht mehr ausgegangen werden.

In der Literatur werden vereinzelt mögliche Lösungen für dieses Problem diskutiert. Die Einordnung als natürliche Person wird dabei erst in ferner Zukunft eine Rolle spielen können. Naheliegender sind Ansätze, die nicht von moralischen Überlegungen ausgehen, sondern eine praktische Lösung des Problems der Zuordnung von Willenserklärungen suchen. In [Schw01a, S. 67 f.] schlägt Schwarz, bezogen auf österreichisches Recht, die analoge Anwendung des Stellvertretungsrechts vor. Diese Lösung wird von Wettig und Zehendner [WeZe03, Abschnitt IV.2.c.aa] für das deutsche Recht mit der zutreffenden Begründung abgelehnt, dass der sonst durch § 179 gewährleistete Verkehrsschutz bei Agenten nicht gegeben sei: Geht der Agent, der nicht Rechtssubjekt ist, bei einem Vertragsschluss über seine „Kompetenzen" hinaus, kann er weder den Vertrag selbst erfüllen noch Schadensersatz leisten.

Auch eine Analogie zu beschränkt geschäftsfähigen Personen (§§ 106 ff. BGB) hilft nicht weiter: Die Regelungen des BGB gehen hier von einem Minderjährigen aus, der in *eigenem* Interesse einen Vertrag schließen will (vgl. [WeZe03, Abschnitt IV.2.c.cc]).

Diskussionswürdig ist der Ansatz der „Geschäftsfähigkeit ohne Rechtsfähigkeit". Dies würde bedeuten, dass ein Agent rechtsgeschäftlich handeln könnte, ohne selbst Träger von Rechten und Pflichten zu sein. Schweighofer [Schw01b, S. 52] weist auf diesen Ansatz hin; Vorteil sei die leichtere Lösung von Haftungsfragen durch Schaffung eines am Menschen orientierten Handlungs- und Sorgfaltsmaßstabs. Auch diese Lösungsidee wird von Wettig und Zehendner [WeZe03, Abschnitt IV.3] zu Recht abgelehnt. Die Konzeption des deutschen Zivilrechts geht von der Rechtsfähigkeit als Voraussetzung des Geschäftsfähigkeit aus; eine Einführung würde daher auch die meisten Probleme, wie z.B. im Bereich der Stellvertretung, ungelöst lassen.

Wettig und Zehendner [WeZe03, Abschnitt IV.4] schlagen als Lösung die Schaffung einer *ePerson* als Alternative zur natürlichen oder juristischen Person sowie eines Agentenregisters ähnlich dem Handelsregister vor. Letztendlich wäre diese ePerson aber nur eine neue Form der juristischen Person, der Ansatz somit aus den in 3.3.2 genannten Gründen abzulehnen.

Wenn schon eine Gesetzesänderung erwogen wird, so sollte als Vorbild eher das Stellvertretungsrecht dienen. Das Fehlen des Schutzes aus § 179 BGB könnte kompensiert werden: Die Verwendung von Attributzertifikaten zur Spezifikation der Vertretungsmacht, wie sie in Abschnitt 4.8 diskutiert wurde, könnte den Vertragspartner schützen: Solange eine eingegangene Verpflichtung innerhalb der spezifizierten Grenzen liegt, müsste der Nutzer des Agenten sie gegen sich gelten lassen, andernfalls nicht. Dem Agentennutzer, der keine Attributzertifikate benutzt, könnte die Beweislast auferlegt werden, dass der Agent beim Abschluss eines Vertrages über seine Vertretungsmacht hinausging. Aus technischer Sicht müsste dann sichergestellt werden, dass das Attributzertifikat eines Agenten auch tatsächlich eingesetzt wird. Dies ließe sich aber durch einen entsprechenden Eintrag im ID-Zertifikat, das durch den Agenten benutzt wird, erreichen – auf das Vorhandensein dieses Zertifikats wird der Vertragspartner ohnehin Wert legen, denn es ist Voraussetzung für die Beweisbarkeit des Vertragsschlusses.

Wie wird nun mit Agentenverträgen umzugehen sein, wenn und solange eine solche Klarstellung durch den Gesetzgeber nicht erfolgt, der Autonomiegrad von Agenten aber weiter steigt? Die Argumentation aus Abschnitt 3.1.3 bezüglich des Geschäftswillens bleibt größtenteils bestehen - nur, wenn das Bestehen des Geschäftswillens grundsätzlich angenommen wird, kommt es zu einer angemessenen Risikoverteilung: Nur dann trägt der Nutzer des Agenten, der ja von dessen Einsatz profitiert, das Risiko fehlerhafter Erklärungen.

Es zeigt sich also, dass sich das Problem der gesteigerten Autonomie von Agenten auch ohne Gesetzesänderung lösen lässt. Dieses Ergebnis ist aber nicht zwingend, und der skizzierte Vorschlag einer Regelung ähnlich des Stellvertretungsrechts könnte zusätzliche Klarheit schaffen.

9.3 Fazit

Wie in dieser Arbeit gezeigt wurde, besteht Anlass, die Zukunft des Agenteneinsatzes auf Märkten optimistisch zu sehen. Rechtliche Hindernisse stehen dem bislang nicht im Weg; mittelfristig wäre eine Gesetzesänderung zwar wünschenswert, aber nicht unerlässlich.

Ob Agenten wirklich eines Tages wirklich eingesetzt werden, um Vertragsstrafen- und Reugeldvereinbarungen zu treffen, ist zwar ungewiss – jedoch besteht hier unter gewissen Rahmenbedingungen ein weiteres Potential, die Effizienz des Marktgeschehens zu steigern. Vielleicht kann diese Diplomarbeit ein Stück dazu beitragen.

Literaturverzeichnis

[AlWi96] Tom Allen und Robin Widdison. Can computers make contracts? *Harvard Journal of Law and Technology* 9(1), 1996, S. 25–52.

[Aust62] John Langshaw Austin. *How to do things with words*. Oxford University Press, Oxford. 1962.

[BaCo00] Günter Bamberg und Adolf G. Coenenberg. *Betriebswirtschaftliche Entscheidungslehre*. WiSo-Kurzlehrbücher: Reihe Betriebswirtschaft. Verlag Vahlen, München. 10. Auflage, 2000.

[BaRo03] Heinz Georg Bamberger und Herbert Roth. *Kommentar zum Bürgerlichen Gesetzbuch*. Verlag C.H. Beck, München. 1. Auflage, 2003.

[Bean] Bean generator. `http://gaper.swi.psy.uva.nl/beangenerator/content/main.php` (2.12.2003).

[Begr01] Begründung zum Entwurf einer Verordnung zur elektronischen Signatur in der Fassung des Kabinettbeschlusses vom 24.10. 2001.

[BeNS05] Martin Bergfelder, Tanja Nitschke und Christoph Sorge. Signaturen durch elektronische Agenten. *Informatik Spektrum* 28(3), Juni 2005, S. 210–219.

[BGGS99] Andreas Berger, Alfred Giessler, Petra Glöckner und Wolfgang Schneider. Spezifikation zur Entwicklung interoperabler Verfahren und Komponenten nach SigG/SigV. 1999.

[BGH97] BGH: Urteil vom 28.01.1997 (Undurchführbarkeit eines Vertrags infolge behördlicher Dispensverweigerung). *NJW-Rechtsprechungs-Report Zivilrecht (NJW-RR)* (11), 1997, S. 686–688.

[Borg03] Georg Borges. *Verträge im elektronischen Geschäftsverkehr: Vertragsabschluß, Beweis, Form, Lokalisierung, anwendbares Recht*. Nr. 16 der Reihe Schriften des Rechtszentrums für Europäische und Internationale Zusammenarbeit (R.I.Z.). Verlag C.H. Beck, München. 2003.

[Brox01] Hans Brox. *Allgemeiner Teil des BGB*. Academia Iuris - Lehrbücher der Rechtswissenschaft. Carl Heymanns Verlag, Köln, Berlin, Bonn. 25. Auflage, 2001.

[BrWa02] Hans Brox und Wolf-Dietrich Walker. *Allgemeines Schuldrecht*. Grundrisse des Rechts. Verlag C.H. Beck, München. 28. Auflage, 2002.

[BrZW98] Walter Brenner, Rüdiger Zarnekow und Hartmut Wittig. *Intelligente Softwareagenten*. Springer-Verlag, Berlin, Heidelberg, New York. 1998.

[CDFT98] Jon Callas, Lutz Donnerhacke, Hal Finney und Rodney Thayer. OpenPGP Message Format. RFC 2440, http://www.ietf.org/rfc/rfc2440.txt (26.11.2003), 1998.

[Clem85] Rudolf Clemens. Die elektronische Willenserklärung - Chancen und Gefahren. *Neue Juristische Wochenschrift (NJW)* (34), 1985.

[Cord01] Alexandra Cordes. *Form und Zugang von Willenserklärungen im Internet im deutschen und US-amerikanischen Recht*, Band 6 der Reihe *Schriften zum Informations-, Telekommunikations- und Medienrecht*. LIT, Münster. 2001.

[Corn02] Kai Cornelius. Vertragsabschluss durch autonome elektronische Agenten. *Multimedia und Recht (MMR)* 5(6), 2002, S. 353–358.

[Daml] The DARPA Agent Markup Language Homepage. http://www.daml.org (2.12.2003).

[DiAl99] Tim Dierks und Christopher Allen. The TLS Protocol Version 1.0. RFC 2246, http://www.ietf.org/rfc/rfc2246.txt(16.1.2004), 1999.

[Ecom00] Richtlinie 2000/31/EG des Europäischen Parlaments und des Rates vom 8. Juni 2000 über bestimmte rechtliche Aspekte der Dienste der Informationsgesellschaft, insbesondere des elektronischen Geschäftsverkehrs, im Binnenmarkt ('Richtlinie über den elektronischen Geschäftsverkehr' – 'E-commerce-Richtlinie'). 2000.

[Fipaa] FIPA ACL Message Structure Specification. http://www.fipa.org/specs/fipa00061/SC00061G.pdf (1.12.2003).

[Fipab] FIPA Agent Communication Language Specifications. http://www.fipa.org/repository/aclspecs.php3 (1.12.2003).

[Fipac] FIPA Agent Management Specification. http://www.fipa.org/specs/fipa00023/SC00023J.pdf (27.11.2003).

[Fipad] FIPA Agent Message Transport Service Specification. http://www.fipa.org/specs/fipa00067/SC00067F.pdf (3.12.2003).

[Fipae] FIPA Agent Message Transport Specifications. http://www.fipa.org/repository/transportspecs.php3 (1.12.2003).

[Fipaf] FIPA Communicative Act Library Specification. http://www.fipa.org/specs/fipa00037/SC00037J.pdf (1.12.2003).

[Fipag] FIPA Content Language Specifications. http://www.fipa.org/repository/cls.php3 (1.12.2003).

[Fipah] FIPA Interaction Protocol Specifications. http://www.fipa.org/repository/ips.php3 (1.12.2003).

[Fipai] FIPA Iterated Contract Net Interaction Protocol Specification. http://www.fipa.org/specs/fipa00030/SC00030H.pdf (21.1.2004).

[Fipaj] FIPA Open Source (FIPA-OS). http://fipa-os.sourceforge.net (28.11.2003).

[Fipak] FIPA Request Interaction Protocol Specification. http://www.fipa.org/specs/fipa00026/SC00026H.pdf (11.3.2004).

[Geil03] Michael Geilert. *Vertragsstrafen in Allgemeinen Geschäftsbedingungen*. Univ., Diss., Bielefeld. 2003.

[Gern89] Joachim Gernhuber (Hrsg.). *Das Schuldverhältnis*, Band 8 der Reihe *Handbuch des Schuldrechts: in Einzeldarstellungen*. Mohr Siebeck, Tübingen. 13. Auflage, 1989.

[GiRo03] Rotraud Gitter und Alexander Roßnagel. Rechtsfragen mobiler Agentensysteme im E-Commerce. *Kommunikation und Recht* (2), 2003, S. 64–72.

[Grub93] Thomas R. Gruber. A translation approach to portable ontology specifications. *Knowledge Acquisition* 5(2), 1993, S. 199–200.

[HFPS99] Russell Housley, Warwick Ford, Tim Polk und David Solo. Internet X.509 Public Key Infrastructure. RFC 2459, http://www.ietf.org/rfc/rfc2459.txt (9.3.2004), 1999.

[Jadea] Jade Tutorial (Security Administrator Guide). http://jade.cselt.it/doc/tutorials/SecurityAdminGuide.pdf(5.3.2004).

[Jadeb] Java Agent DEvelopment Framework (Jade). http://jade.cselt.it (28.11.2003).

[Jaue99] Othmar Jauernig. *Bürgerliches Gesetzbuch*. Verlag C.H. Beck, München. 9. Auflage, 1999.

[Java] Java. http://java.sun.com(4.12.2003).

[Jung03] Sebastian Jungermann. Der Beweiswert elektronischer Signaturen. *Datenschutz und Datensicherheit (DuD)* 27(2), 2003, S. 69–72.

[Karn94] Curtis E.A. Karnow. The encrypted self: Fleshing out the rights of electronic personalities. *The John Marshall Journal of Computer and Information Law* 13(1), 1994, S. 1–16.

[Kerr00] Ian R. Kerr. Providing for Autonomous Electronic Devices in the Uniform Electronic Commerce Act. http://www.law.ualberta.ca/alri/ulc/current/ekerr.pdf (7.4.2004), 2000.

[Kras] KRASH - Karlsruhe Robust Agent Shell. http://www.ipd.uka.de/KRASH (28.11.2003).

[Lare82] Karl Larenz. *Lehrbuch des Schuldrechts*, Band 1. Verlag C.H. Beck, München. 13., neu bearbeitete Auflage. Auflage, 1982.

[LuMP03] Michael Luck, Peter McBurney und Chris Preist. *Agent Technology: Enabling Next Generation Computing – A Roadmap for Agent-Based Computing*. AgentLink, Southampton. 2003.

[Mehr98] Josef Mehrings. Vertragsabschluß im Internet – Eine neue Herausforderung für das „alte" BGB. *Multimedia und Recht (MMR)* 1(1), 1998, S. 30–33.

[MiRo92] Paul Milgrom und John Roberts. *Economics, Organization and Management*. Prentice Hall, New Jersey. 1992.

[MoDr02] Hans-Werner Moritz und Thomas Dreier. *Rechts-Handbuch zum E-Commerce*. Verlag Dr. Otto Schmidt, Köln. 2002.

[MoPS03] Pavlos Moraitis, Eleftheria Petraki und Nikolaos I. Spanoudakis. Engineering JADE Agents with the Gaia Methodology. Agent Technologies, Infrastructures, Tools, and Applications for E-Services, NODe 2002 Agent-Related Workshops, Erfurt, Germany, October 7-10, 2002. Revised Papers. In Ryszard Kowalczyk, Jörg P. Müller, Huaglory Tianfield und Rainer Unland (Hrsg.), *Agent Technologies, Infrastructures, Tools, and Applications for E-Services*, Band 2592 der Reihe *Lecture Notes in Computer Science*. Springer, 2003, S. 77–92.

[OLG 03] OLG Frankfurt. Urteil vom 20.11.2002 (Anfechtbarkeit falscher Preisangaben im Online-Shop). *Computer und Recht* (6), 2003, S. 450–451.

[OWL] OWL Web Ontology Language Reference. `http://www.w3.org/TR/owl-ref/` (19.12.2003).

[Pala03] Otto Palandt. *Bürgerliches Gesetzbuch*. Verlag C.H. Beck, München. 62. Auflage, 2003.

[PoKP01] Achim Pollert, Bernd Kirchner und Javier Morato Polzin. *Duden, Das Lexikon der Wirtschaft: grundlegendes Wissen von A bis Z*. Dudenverlag, Mannheim, Leipzig, Wien. 2001.

[Prot] Protégé 2000. `http://protege.stanford.edu` (2.12.2003).

[RBPE+93] James Rumbaugh, Michael Blaha, William Premerlani, Frederick Eddy und William Lorensen. *Objektorientiertes Modellieren und Entwerfen*. Carl Hanser und Prentice-Hall International, München, Wien, London. Übersetzung: Doris Märtin, 1993.

[RegE01] Regierungsentwurf zum Gesetz zur Modernisierung des Schuldrechts – Bundestagsdrucksache 14/6040. `http://dip.bundestag.de/btd/14/060/1406040.pdf` (11.12.2003), 2001.

[RegF00] Regierungsentwurf zur Anpassung der Formvorschriften des Privatrechts und anderer Vorschriften an den modernen Rechtsgeschäftsverkehr – Bundestagsdrucksache 14/4987. http://dip.bundestag.de/btd/14/060/1404987.pdf (27.3.2004), 2000.

[RegJ04] Regierungsentwurf zum Gesetz über die Verwendung elektronischer Kommunikationsformen in der Justiz – Bundestagsdrucksache 15/4067. http://dip.bundestag.de/btd/15/040/1504067.pdf (11.11.2005), 2004.

[RegS00] Regierungsentwurf zum Gesetz über Rahmenbedingungen für elektronische Signaturen und zur Änderung weiterer Vorschriften – Bundestagsdrucksache 14/4662. http://dip.bundestag.de/btd/14/060/1404662.pdf (3.3.2004), 2000.

[Regt] Akkreditierte und angezeigte Zertifizierungsdiensteanbieter. http://www.regtp.de/tech_reg_tele/start/in_06-02-04-00-00_m/index.html (26.11.2003).

[ReSR01] Kurt Rebmann, Franz Jürgen Säcker und Roland Rixecker. *Münchener Kommentar zum Bürgerlichen Gesetzbuch*, Band 1. Verlag C.H. Beck, München. 4. Auflage, 2001.

[RiSA78] Ronald Rivest, Adi Shamir und Leonard Adleman. A method for obtaining digital signatures and public-key cryptosystems. *Communications of the ACM* 21(2), 1978, S. 120–126.

[Rive92] Ronald Rivest. The MD5 Message-Digest Algorithm. RFC 1321, http://www.ietf.org/rfc/rfc1321.txt (26.11.2003), 1992.

[RoFD04] Alexander Roßnagel und Stefanie Fischer-Dieskau. Automatisiert erzeuge elektronische Signaturen. *Multimedia und Recht (MMR)* 7(3), 2004, S. 133–139.

[Roßn03a] Alexander Roßnagel. Das neue Recht elektronischer Signaturen - Neufassung des Signaturgesetzes und Änderung des BGB und der ZPO. *Neue Juristische Wochenschrift (NJW)* (25), 2003, S. 1817–1826.

[Roßn03b] Alexander Roßnagel. Die fortgeschrittene elektronische Signatur. *Multimedia und Recht (MMR)* 6(3), 2003, S. 164–170.

[Rüth93] Bernd Rüthers. *Allgemeiner Teil des BGB*. Verlag C.H. Beck, München. 1993.

[SaLe02] Tuomas Sandholm und Victor Lesser. Leveled-commitment contracting: A Backtracking Instrument for Multiagent Systems. *AI Magazine* 23(3), 2002, S. 89–100.

[Sans] The Twenty Most Critical Internet Security Vulnerabilities (Updated) – The Experts Consensus. http://www.sans.org/top20/ (4.3.2004).

[Schü98] Rolf A. Schütze. *Schiedsgericht und Schiedsverfahren*. Schriftenreihe der Neuen Juristischen Wochenschrift. Verlag C.H. Beck, München. 2. Auflage, 1998.

[Schä03] Günter Schäfer. *Netzsicherheit: Algorithmische Grundlagen und Protokolle*. dpunkt.verlag, Heidelberg. 2003.

[Schm03] Jens M. Schmittmann. Aktuelle Entwicklungen im Fernabsatzrecht. *Kommunikation und Recht* (8), 2003, S. 385–393.

[Scho03] Werner Scholze-Stubenrecht (Schriftleitung). *Duden: Das große Wörterbuch der deutschen Sprache in 10 Bänden.* Dudenverlag, Mannheim. 3., völlig neu bearb. u. erw. Aufl.. Auflage, 2003.

[Schu02] Reiner Schulze (Schriftleitung). *Bürgerliches Gesetzbuch: Handkommentar.* Nomos Verlagsgesellschaft, Baden-Baden. 2. Auflage, 2002.

[Schw01a] Georg Schwarz. Die rechtsgeschäftliche 'Vertretung' durch Softwareagenten: Zurechnung und Haftung. In Erich Schweighofer, Thomas Menzel und Günther Kreuzbauer (Hrsg.), *Auf dem Weg zur ePerson: aktuelle Fragestellungen der Rechtsinformatik,* Nr. 3 der Reihe Schriftenreihe Rechtsinformatik, Wien, 2001. Verlag Österreich, S. 65–72.

[Schw01b] Erich Schweighofer. Vorüberlegungen zu künstlichen Personen: autonome Roboter und intelligente Softwareagenten. In Erich Schweighofer, Thomas Menzel und Günther Kreuzbauer (Hrsg.), *Auf dem Weg zur ePerson: aktuelle Fragestellungen der Rechtsinformatik,* Nr. 3 der Reihe Schriftenreihe Rechtsinformatik, Wien, 2001. Verlag Österreich, S. 45–53.

[SHA195] Secure hash standard. *Federal Information Processing Standards Publication* (180-1), 1995.

[SoBe04] Christoph Sorge und Martin Bergfelder. Signatures by electronic agents: a legal perspective. In *Proceedings of the LEA 04 workshop on the law of electronic agents.* Claudia Cevenini, Juni 2004, S. 141–154.

[Solu92] Lawrence B. Solum. Legal personhood for artificial intelligences. *North Carolina Law Review* Band 70, 1992, S. 1231–1287.

[Sorg05] Christoph Sorge. Conclusion of contracts by electronic agents. In *The Tenth International Conference on Artificial Intelligence and Law, Proceedings of the Conference, June 6-11, 2005, Bologna, Italy*, 2005, S. 210–214.

[Spli03] Andreas Splittgerber. *Online Schiedsgerichte in Deutschland und den USA.* Shaker, Aachen. 2003.

[Stee95] Luc Steels. When are robots intelligent autonomous agents? *Robotics and Autonomous Systems* 15(1), 1995, S. 3–9.

[TrWa02] Wade Trappe und Lawrence C. Washington. *Introduction to cryptography: with coding theory.* Prentice Hall, New Jersey. 2002.

[Turi50] Alan M. Turing. Computing machinery and intelligence. *Mind: a quarterly review of psychology and philosophy* 59(236), 1950, S. 433–460.

[Uhlm03] André Marc Uhlmann. *Elektronische Verträge aus deutscher, europäischer und US-amerikanischer Sicht: Wirksamwerden, Beweisfragen, Widerruf unter besonderer Berücksichtigung der elektronischen Signatur*, Band 3708 der Reihe *Europäische Hochschulschriften: Reihe II - Rechtswissenschaft*. Peter Lang, Frankfurt am Main. 2003.

[vSta01] Julius von Staudinger. *Kommentar zum Bürgerlichen Gesetzbuch: §§ 328-361b*. Sellier-de Gruyter, Berlin. Neubearbeitung, 2001.

[Weis99] Gerhard Weiss. *Multiagent systems: a modern approach to distributed artificial intelligence*. The MIT Press, Cambridge, London. 1999.

[Weit01] Emily M. Weitzenboeck. Electronic Agents and the Formation of Contracts. *International Journal of Law and Information Technology* 9(3), 2001, S. 204–234.

[WeZe03] Steffen Wettig und Eberhard Zehendner. The Electronic Agent: A legal personality under German Law? In Anja Oskamp und Emily Weitzenboeck (Hrsg.), *Proceedings of LEA 2003: The Law and Electronic Agents*, Edinburgh, 2003. S. 97–113.

[Wieb02] Andreas Wiebe. *Die elektronische Willenserklärung: Kommunikationstheoretische und rechtsdogmatische Grundlagen des elektronischen Geschäftsverkehrs*. Mohr Siebeck, Tübingen. 2002.

[WoJK00] Michael Wooldridge, Nicholas R. Jennings und David Kinny. The gaia methodology for agent-oriented analysis and design. *Autonomous Agents and Multi-Agent Systems* 3(3), 2000, S. 285–312.

[Wool02] Michael Wooldridge. *An introduction to MultiAgent Systems*. Wiley, Chichester. 2002.

[Wätj03] Dietmar Wätjen. *Kryptographie: Grundlagen, Algorithmen, Protokolle*. Spektrum Akademischer Verlag, Heidelberg, Berlin. 2003.

[Zöll02] Richard Zöller. *Zivilprozessordnung: mit Gerichtsverfassungsgesetz und den Einführungsgesetzen, mit internationalem Zivilprozessrecht, EG-Verordnungen, Kostenanmerkungen; Kommentar*. Verlag Dr. Otto Schmidt, Köln. 23. Auflage, 2002.

FSC
www.fsc.org
MIX
Papier | Fördert gute Waldnutzung
FSC® C083411

Kolibri 360 GmbH
Ferdinand-Jühlke-Straße 7
99095 Erfurt, Deutschland
produktsicherheit@kolibri360.de